JIAZU ZHILI YU MINYING QIYE CHENGZHANG:
LILUN YU ANLI YANJIU

家族治理与民营企业成长：理论与案例研究

郭 萍◎著

中山大学出版社
·广州·

版权所有　翻印必究

图书在版编目（CIP）数据

家族治理与民营企业成长：理论与案例研究/郭萍著 .—广州：中山大学出版社，2019.12

ISBN 978 - 7 - 306 - 06631 - 2

Ⅰ. ①家… Ⅱ. ①郭… Ⅲ. ①家庭企业—民营企业—企业管理—研究—中国 Ⅳ. ①F279.245

中国版本图书馆 CIP 数据核字（2019）第 102464 号

出 版 人：	王天琪
策划编辑：	金继伟
责任编辑：	黄浩佳
封面设计：	曾 斌
责任校对：	麦晓慧
责任技编：	何雅涛
出版发行：	中山大学出版社
电　　话：	编辑部 020 - 84111996，84113349，84111997，84110779
	发行部 020 - 84111998，84111981，84111160
地　　址：	广州市新港西路 135 号
邮　　编：	510275　传　真：020 - 84036565
网　　址：	http://www.zsup.com.cn　E-mail:zdcbs@mail.sysu.edu.cn
印 刷 者：	广州市友盛彩印有限公司
规　　格：	787mm × 1092mm　1/16　10.25 印张　220 千字
版次印次：	2019 年 12 月第 1 版　2019 年 12 月第 1 次印刷
定　　价：	48.00 元

如发现本书因印装质量影响阅读，请与出版社发行部联系调换

作者简介

郭萍，女，1976年出生，管理学博士，2008—2010年浙江大学博士后流动站研究人员。2010年9月起至今，任职于华南农业大学经济管理学院，现为工商管理系副教授，硕士研究生导师。2016年11月—2017年11月，获国家留学基金委资助，赴新西兰梅西大学（Massey University）进行为期一年的访学研究。

郭博士主讲"人力资源管理""企业案例分析""组织行为学"等课程，主要研究领域为家族企业治理与成长，并对涉农企业管理有浓厚兴趣。现主持国家社会科学基金项目2项，主要参与国家自然科学基金5项。在《管理世界》《学术月刊》等刊物上发表学术论文20多篇，其中有5篇论文被中国人民大学报刊复印资料全文转载。多次参加"创业与家族企业国际研讨会"并获得茅理翔优秀论文奖励。

本书的写作和出版得到了国家社会科学基金青年项目"家族治理与民营企业成长：基于资源观的视角"（项目批准号：11CGL048）、国家社会科学基金一般项目"女性参与治理行为与家族企业成长研究"（项目批准号：17BGL081）、广州市哲学社会科学发展"十二五"规划项目"广州市中小企业发展环境的评估与优化研究"的支持。

序

改革开放以来，中国市场化改革的顺利发展在很大程度上归功于民营企业的发展。民营企业的稳健发展壮大对于我国社会经济继续保持这一发展势头意义重大。根据众多国内外的研究，可以发现，当前中国的民营企业普遍采取家庭家族所有、主要家族成员从事企业经营的形式，而且企业内部的管理也广泛存在着家族制管理的倾向。随着家族企业涉及的家族内外人员的数量越来越多，企业的组织结构越来越复杂，尤其是当企业经历换代或者面临公开上市等状况时，家族企业将面临更多危机和挑战。如何建立理性的家族与公司双重治理结构，从而顺利地引进家族以外的职业经理人和先进企业管理制度，成为这些家族企业能否健康成长的关键。

家族企业是家族系统与企业系统互相重叠、互相影响的复杂系统，这导致家族企业通常要比非家族企业有着更为复杂的治理问题，因为它们多了家族这一新的行为主体。和其他类型的企业不同的是，家族是由许多家族成员组成，家族成员在企业中扮演着不同的角色。家族成员的情感和纠葛进入企业，使企业需要处理的问题更加复杂。但是基于种种原因，家族仍然是一个不为外人了解的神秘"黑箱"，郭萍博士的新作《家族治理与民营企业成长：理论与案例研究》的一个研究目标，就是要打破家族这个"黑箱"，探索成功的企业家族如何调节内部关系以及家族与企业之间的关系，建构并验证家族治理与企业绩效之间的理论模型。这无疑是一个非常及时、非常重大的研究项目，该书使我们能够一窥家族企业中家族这一企业成长的特有情境，了解家族系统和家族关系的成长演变规律；能够为面临传承和转型双重挑战的中国家族企业构建健康的家族治理提供宝贵的理论指导和中肯的建议。

本书是从资源观理论出发来探索家族企业治理问题的。作者认为，家族关系既是家族企业竞争优势的源泉，也可能给家族企业成长带来干扰。通过与公司治理进行比较，作者将家族治理概念界定为：为了企业长期健康发展，企业家族建立的一整套规范和强化内部关系以及与之相联系的制度、程序和结构。家族治理由非正式机制（传统或文化）与正式治理机制（家族治理机构与家族协议）两部分组成。本书的一个核心命题是三种家族治理机制（家族文化、家族治理机构和家族协议）如何影响企业绩效和家族绩效。其中，企业绩效包括财务绩效、企业延续和企业社会绩效；家族绩效则包括家族凝聚力、家族适应力和家族财富。在这一非常完整的逻辑框架中，作者不仅给家族治理做了细致的界定和分析，探讨了影响家族治理的诸多因素，还提出了家族绩效概念。这一理论分析框架是具有新意的，也为全书的讨论打下了非常扎实的理论基础。

本书内容的一大特色，是在理论分析的基础上，运用典型家族企业案例，用一手调研或二手资料分析的研究方法，探索中外家族企业成功家族治理的规律与做法。作者首先考察了我国历史上传承了400多年的康百万。康氏家族最富有特色的就是他们的传家文化——留余，即在家族内部关系的处理上强调重视子女教育以"留福于后代"，基本遵循"一夫一妻"的家规，不但减少了家族房与房之间对资源的争夺，更重要的是将男性的注意力从找三妻四妾转移到对孩子教育的投资上。在与外部相关者（包括政府、社区与员工）的关系处理上，康氏家族也同样提倡"留有余地"。这个家族历史首先让我们对于历史上"妻妾成群"的大家族的印象形成颠覆性冲击；另外，康百万这个案例提醒我们，中国历史上形成的那些长寿家族及其家法族规有着丰富的文化和历史价值，这些做法显然和现代家族企业家族治理的内容有相通之处。探索现代家族企业治理模式，需要我们认真学习和借鉴华人家族的传统文化和历史经验。

作者接着梳理了现代华人家族企业，新加坡国际元立集团（陈氏家族），中国内地万和集团（卢氏家族）、罗莱集团（薛氏家族）、华茂集团（徐氏家族）和新光集团（周氏和虞氏家族）等海内外华人家族在家族治理方面所做的各种努力，并与欧美国家典型家族企业（如掌管《纽约时报》的奥克斯－苏兹伯格家族）进行了较为详细的比较分析。作者发现，成功的中外家族企业治理都有很多共同点，比如，家族目标和企业目标应该互相兼容；应该确保家族对企业的股权或者投票权的控制；应该不断增进家族成员之间的沟通交往，塑造家族共同的价值观，同时又要明确家族和企业的界限，通过科学合理的家族治理对家族与企业之间进行风险隔离；等等。这些中外家族企业治理的共同点值得我们认真学习借鉴。从这些典型家族企业家族治理的区别分析可以看出，文化背景和法律制度对于家族企业治理模式有很大影响。本人在阅读时还联想到，即使是在相同文化和法律制度背景下，不同家族也会采取不同的家族治理机制，这说明家族企业治理机制可以具有极其丰富的多样性和差异化，各个家族需要通过家族目标和核心价值观的梳理总结，根据自身情况来探索各具特色的家族治理模式。虽然中国内地的家族企业都还处于第一代和第二代共同经营管理的阶段，但是有些家族企业的创始人不是单独创业者，而是基于复杂家族关系的多人创业模式，这些家族企业就会在不远的将来从类似于兄弟姐妹合伙阶段逐步转变为类似于堂表兄弟联盟阶段。这样的家族企业在大型企业集团中并非少数，它们的传承与治理值得关注和研究。显然，本书作者在复杂家族企业治理结构方面已经做出了有益的尝试。我认为，将来更多的学者可以认真思考家族治理与公司治理之间、家族成员职业化发展与家族外职业经理人的分工协作、家族治理机构中家族基金和财富管理的作用和机制等内容。这些都是与家族治理休戚相关，值得我们理论联系实践做出认真细致的探索。

郭萍博士在2008年曾经跟着我做过2年的博士后研究，我们一起做过多项研究，其中包括多个中外著名家族企业的实地调研、家族成员的访谈和案例研究。这次感谢她给我阅读书稿，得以先睹为快的机会，看到她有关这些调研的心得转化成本书的文字，感到非常亲切，更感到由衷的欣慰。感谢郭萍博士多年来对于家族企业领域的潜心与专注研究，她已经把分散、单独的案例研究纳入一个扎实的理论研究框架并加以条理清晰的分析。这些分析对于现实中正在苦苦摸索家族企业治理的众多民营企业来说，就像黑暗海域上的灯塔一样，具有很强的警示和借鉴意义。学术探索是永无止境的，对于国内管理学研究来说，家族企业治理的理论和实践还是一个非常陌生因而充满未知挑战和无限可能性的领域，郭萍博士的探索必然会引起更多相关问题的研究，我们也期待作者有更多的学术新著。

2018年11月

前　言

2004年，我从浙江大学硕士毕业，考入暨南大学管理学院攻读博士学位，师从胡军教授。在博士研究生阶段我开始了对家族企业的学术研究。当时我对家族企业为何与众不同抱有强烈的好奇心，也很想尝试去破解家族企业身上的一些谜团。比如，为什么有的家族企业能长盛不衰，而有的却只能昙花一现？这个问题来源于一组统计数据的对比：据《胡润全球最古老的家族企业榜全榜单》，全球100家家族企业上榜，它们主要集中在欧美和日本。现存最古老的家族企业位于日本——创立于公元6世纪、以寺庙建筑为主营业务的金刚组（Kongo Gumi）和创立于公元718年的粟津温泉酒店（Hoshi Hotel），后者至今仍由创立者的第四十六代直系后裔拥有和管理。美国上榜企业达到了15家，其中从事磨坊、农产品的企业St. John Milling是第100名，也有超过225年的历史，目前已经传到第6代。然而，中国却没有一家企业上榜。可是另一组统计数据却揭示，富不过三代在全世界范围都是普遍现象。比如，美国家族企业的平均寿命为24年，与企业创始人的平均工作年限相同。而改革开放后才得以发展的中国家族企业由于经验不足，寿命往往更短。于是，就有了开头提出的问题。带着这个疑问，我对美国、日本和中国家族企业在所有权传承、管理权继任等方面的制度进行比较分析，以此来探寻美国、日本长寿家族企业普遍多于中国的原因。但是，我仍摆脱不了毕业论文写作过程中令我困扰的问题：从制度（中观）层面的研究真的能完整告诉我们家族企业基业长青的秘密吗？这个问题一直到最近本书即将完成前才有了答案。

博士毕业1年后，即2008年，我有幸进入浙江大学博士后流动站开始为期2年的专职研究。我的合作导师是从德国柏林洪堡大学博士留学回国的陈凌教授。陈教授在家族企业研究方面很有心得，成果颇丰，在跟随导师做调研的过程中，我也开始接触真实的世界。记得我接触的第一个项目就是为国内一个在行业内已经是隐形冠军的家族企业提供咨询。这个企业家族在交接班的过程中开始爆发出尖锐矛盾，对方邀请我们团队过去就是建立起矛盾冲突的解决机制。这个鲜活的案例让我对之前一直困扰我的问题有了茅塞顿开的感觉。家族企业经常很难过代际传承这一道坎，问题常常来自家族内部，交接班出现冲突是长久以来家族关系矛盾爆发的突破口而已。冰冻三尺，非一日之寒。要实现家族企业的基业长青，真正的关键还在于暗藏在"水面"以下的家族如何调节家族内部关系以及家族与企业之间的关系。为以上观点提供佐证的正面案例是中国香港李锦记集团。2009年,我们团队受邀赴中国香港参观李锦记集团在新界的工厂,并对李氏家族成员(包括第三代李文达先生与夫人,第四代李惠民、李惠雄、李惠中、李惠森、莫李美瑜)以及几位高管进行深度访谈。与这个企业家族的接触让我深刻体会到,融洽的家族关系不仅可以规避代际传承的"坎",还能确保企业后续的企业家才能供给,提供持续创业的动力。对以上企业的调查研究,让我开始将研究的视角聚焦到家族这个系统,希望从家族治理的角度来研究家族企业成长与基业长青的秘密。

2010年年初,我以《家族治理与民营企业成长:基于资源观的视角》为题,申报了国家社会科学基金青年项目并获批(11CGL048)。项目研究的出发点是:家族是家族企业的特有情境。根据资源观的理论,家族关系既是家族企业竞争优势的源泉,也可能会给家族企业成长带来干扰。因此,家族系统也应该成为治理的客体。然而,对于现有的家族企业研究来说,家族仍是一个"黑箱"。项目研究的目的就是要打破"黑箱",探索成功的企业家族如何调节家族内部关系以及家族－企业之间的关系;建构并验证家族治理与家族企业绩效之间的理论模型。本书就是在该项目结题报告的基础上修改并出版的。

为了便于分析和理解,本书用6章内容来介绍家族治理的理论以及在不同时代、不同国度的企业家族治理的案例。第1章对大量原始文献的整理分析,围绕以下三个问题提炼出了一份关于家族治理的文献综述:①家族治理的内涵与结构。通过与公司治理的比较,将家族治理的概念界定为:为了家族与企业的长远发展,企业家族建立的一整套规范和强化家族内部关系以及家族与企业之间关系的制度、程序和结构。家族治理由非正式治理机制(家族传统或家族文化)与正式治理机制(家族治理机构与家族协议)两部分构成。②影响家族治理的因素。从家族企业的系统论出发,提炼出四种会影响家族治理机制生成及发展的主要因素:家族因素——家族复杂性;企业因素——企业年限;家族、企业与所有权的交叉因素——家族股东涉入管理的类型;外部环境因素——社会法律环境。③家族治理影响家族企业绩效的途径机理。要搞清楚这个问题,必须全面地定义家族企业绩效。在现有文献的基础上,我们认为,家族企业绩效不仅包括企业绩效,还包括家族绩效。企业绩效的衡量包括财务绩效、企业延续以及企业社会绩效等指标;家族绩效的衡量则包括家族凝聚力、家族适应力以及家族财富等指标。界定好家族企业绩效之后,我们分别梳理了三种家族治理机制(家族文化、家族治理机构和家族协议)影响家族与企业绩效的相关文献,建立起家族治理与家族企业成长的关系模型。通过对现有文献的回顾,我们确定了本书需要深入研究的三个问题,具体包括:成功的企业家族治理是怎样的？家族动态（家族规模与结构的变化）如何影响到家族治理设计以及相关决策？不同国家企业家族治理模式是否存在不同，又有哪些相同点？将以上问题作为切入点，我们收集并研究了多个成功企业家族治理的典型案例。

第2章的案例来自中国近代传承了400多年的长寿家族企业康百万。这个案例为我们提供了一个历史视角来探寻中国传统社会里商人家族是如何进行家族治理的。经研究发现：康氏家族治理体系中最富有特色的就是他们的家族文化——留余，即在家族内部关系的处理上，强调重视子女教育以"留福于后代"。基本遵循"一夫一妻"的家规，不但减少了家族不同房之间对家族资源的争夺，更重要的是将男性的注意力从找三妻四妾转移到对孩子的投资上，客观上更好地顾及了家族后代的利益。在家族与外部利益相关者（包括政府、社区与员工）的关系处理上，康氏家族也提倡"留有余地"。"留余"理念的执行促成了家族内外部关系的和谐，也为家族企业的扩张发展创造了有利条件。这种崇尚和谐的家族文化体现了中国传统文化的精髓，也具有较强的普适价值。除了家族文化之外，康氏家族的治理机制还有家法家规以及家族祠堂，这两种治理机制具有传统社会的特点，主要是维护和执行家族文化的依据与机构。遗憾的是，康氏家族的治理体系并没有随着家族结构的变化进行调整和改善，导致其治理效率下降，这也是康百万在民国后期走向衰落的内部原因。

第3章的研究对象是新加坡国际元立集团的陈氏家族。与中国内地绝大多数家族企业不同，有着近80年发展历程的国际元立集团具备了较为完善的家族治理体系。陈氏家族是来自中国广东潮汕地区的移民家族，其家族文化保留了完整的中华文化传统精神与价值观。陈氏家族治理的成功之处在于，能够根据家族动态的变化及时调整、改善家族治理设计，通过非正式治理机制（家族传统）向正式治理机制的转型（制定正式的家族管理制度，并设立专门的家族管理层负责监督实施）。陈氏家族不但实现了"四代同堂、同居共财"的儒家"家和"理想，家族企业还得以不断创业，由原先的小型家族养猪场转型为业务多元化的跨国企业集团。该案例不但呈现给读者一个家族治理是如何随着家族生命周期的变化而发生变化的完整模板，同时也提供了华人文化社会背景下企业家族治理的成功样本。

第4章则将研究对象从华人企业家族切换到美国企业家族，案例是《纽约时报》背后的奥克斯-苏兹伯格家族。与上一个案例一样，我们对从第1代掌门人到第4代领军人物的家族治理措施进行了一一梳理，从中可以清晰地看到，三种治理机制——家族文化、家族协议与家族治理机构在不同的家族企业生命周期的发展演变脉络，为读者呈现出典型的美国文化背景下企业家族治理的成功样本。

在介绍完华人与美国成功企业家族治理的典型案例后，第5章着重开始寻找两种文化体制下企业家族治理设计的异同点。托尔斯泰说："幸福的家庭都是相似的，不幸的家庭各有各的不幸。"这些成功的企业家族治理有以下共同点：一是家族目标与企业目标兼容；二是增进家族成员之间的沟通交往；三是塑造家族的共同价值观；四是确保家族对企业的股权控制；五是明晰家族与企业的界限。更为重要的是，我们发现，在不同文化传统环境下孕育和成长的家族企业，虽说有不少近似之处，但在某些层面上明显存在差别。首先，社会文化背景的不同造就不同的家族文化。儒家文化下的陈氏家族主张通过修身、齐家实现四代同堂的家和理想，家长权威、长幼有序在家族内部关系治理上仍有印迹；而美国文化下的企业家族则是在保持家族成员个体独立、平等的基础上实现家族团结。其次，法律制度不同对于如何保持家族对企业的控制（家族协议的设计以及是否上市决策等）也有重要影响。为了实现家族对企业的整体控制，陈氏家族的做法是"不分家"、不上市；而奥克斯－苏兹伯格家族则利用了家族信托基金的工具，美国允许上市公司发行不同类型的股票，企业家族可以通过不同的资本结构设计达到对企业控制的目的。最后，社会信任程度的不同使家族在如何调节与企业管理层的关系方面存在差别。由于社会信任程度的差异，华人家族企业引入职业经理人的比例较少，家族内部关系的协调是其家族治理的主要内容；而美国家族企业普遍引入了职业经理人进行管理，因此，规范家族与企业之间的关系成了他们家族治理的重要组成部分。

第6章是介绍当前中国内地的民营企业——广东佛山万和集团卢氏家族、江苏南通罗莱集团薛氏家族、浙江宁波华茂集团徐氏家族、浙江义乌新光集团周晓光家族在家族治理方面的尝试与探索。从四个典型案例来看，尽管中国内地家族企业在改革开放以后才发展起来的，但它们对家族治理的需求已经提上议事日程，不少兄弟姐妹合伙创业的企业家族提前进入家族治理设计的进程。目前来看，培养良好的家族内部沟通文化以及在我国现有法律制度框架内如何确保家族股权不分散成为企业家族关注的重点。

综上所述，本课题的学术价值在于：①真正深入家族"黑箱"的内部，明确界定家族治理的概念以及家族治理机制的构成；②从动态上把握家族治理如何随着家族生命周期的变化而变化，并就其对家族企业成长造成的影响进行了较为系统、完整的理论探索；③有针对性地收集了中国、海内外华人和美国企业家族治理的实践并进行了比较研究，寻找到了它们在家族治理上的共同点与跨文化差异。本项目的应用价值在于：占民营企业80%以上的家族企业是推动中国经济增长的主要动力，治理好家族内部关系以及家族与企业之间的关系，是中国家族企业健康持续发展的保障。本书的研究成果可以为中国企业家族治理设计提供重要参考。

本书对民营企业主提出的对策建议是：家族治理是家族企业成长的基础，中国家族企业必须尽早建立坚实、理性的家族治理体系，悉心维护支撑企业发展的家族根基，这样才能真正实现家业长青！对家族企业研究者的建议是：家族企业研究既需要了解家族系统，也需要了解企业系统。这必然涉及多个不同的学科，包括管理学、社会学、心理学、法学等。我们呼吁在不同领域的专业人士加大合作力度，共同为家族企业成长出谋划策。

无论是研究过程中的档案挖掘和资料搜集，还是后来为了追踪某些家族企业发展而进行的后续调查，我们均碰到过不少困难与波折。举例来说，关于康百万家族的资料多是二手资料，且分布零散。对于这种困难，我们虽然曾在不同层面上努力搜索，尽量求证求真，但总有些地方不尽如人意，难以获得真实确切的证明或者答案。为此，我们会在讨论的过程中将存疑的地方清楚指出，让读者自行判断。借着此书的出版，让我向众多帮助和支持过我们研究的人致以衷心的感谢。首先，我必须就浙江大学管理学院陈凌教授及其研究团队成员朱建安、陈士慧、王昊等在案例调研上给予我的支援和协助表示衷心谢忱。其次，我要向华南农业大学经济管理学院的罗必良教授、欧晓明教授、万俊毅教授、罗明忠教授和杨学儒教授表示谢意，他们曾给予我不少意见、指正和协助，使相关研究可以顺利完成，我同样心存感激。再次，我要感谢国家社会科学基金的支援，没有国家提供的财政资助，我们就没有充足的资源展开此项研究。最后，我要感谢我的父母和先生给予我的大力支持，我的女儿一直都是我努力向上的动力。

虽然得到各方师长和好友的鼎力相助，但由于资料所限，分析时难免会有失误和偏差，在研究和讨论问题时恐怕会有所遗漏。在此，希望读者不吝指正，让我们往后的研究可以做得更扎实、更丰富。

郭 萍
华南农业大学经管学院 805

目　录

1 家族治理：一个文献述评 ····································· 1
1.1 问题的提出 ··· 1
1.2 家族治理：概念与结构 ·································· 3
1.2.1 家族治理的概念界定 ······························ 3
1.2.2 家族治理的构成 ·································· 4
1.3 影响家族治理的因素 ···································· 8
1.4 家族治理影响家族企业绩效的途径机理 ················· 11
1.4.1 家族文化与家族企业绩效 ······················· 12
1.4.2 家族治理机构与家族企业绩效 ··················· 13
1.4.3 家族协议与家族企业绩效 ······················· 15
1.5 结论与研究展望 ······································· 16
1.5.1 简要结论 ······································· 16
1.5.2 进一步研究的方向 ······························ 18
参考文献 ··· 19

2 中国近代康百万家族的治理与兴衰 ······················· 23
2.1 引言 ·· 23
2.2 康氏家族发展史 ······································· 24
2.3 康氏家族文化 ··· 25
2.4 康氏家族行为规范 ····································· 26
2.4.1 家族内部关系的治理 ···························· 26
2.4.2 康家与政府关系的治理 ·························· 31
2.4.3 康家与社区关系的治理 ·························· 32
2.4.4 康家与员工关系的治理 ·························· 34
2.4.5 康家与竞争者关系的治理 ························ 35
2.5 康氏家族祠堂 ··· 35
2.6 结论与讨论 ··· 36
参考文献 ··· 38

3 新加坡国际元立集团案例研究 ………………………………… 40
3.1 国际元立集团成长过程概述 ……………………………… 41
3.2 陈氏家族治理制度设计 …………………………………… 44
3.2.1 非正式治理机制的建立 …………………………… 44
3.2.2 正式治理机制的构建 ……………………………… 45
3.3 家族治理与陈氏家族绩效的关系 ………………………… 49
3.4 家族治理与国际元立集团的成长 ………………………… 50
3.5 评价与总结 ………………………………………………… 52
参考文献 ………………………………………………………… 53

4 美国企业家族治理研究：以《纽约时报》为例 ……………… 54
4.1 案例选择与资料来源 ……………………………………… 54
4.2 《纽约时报》及奥克斯-苏兹伯格家族简介 …………… 55
4.3 奥克斯-苏兹伯格家族治理的演进 ……………………… 59
4.3.1 阿道夫时期的家族治理设计 ……………………… 59
4.3.2 伊菲珍时期的家族治理设计 ……………………… 61
4.3.3 潘趣时期的家族治理设计 ………………………… 64
4.3.4 小阿瑟时期的家族治理设计 ……………………… 66
4.4 家族治理：《纽约时报》家业长青的秘诀 ……………… 71
4.4.1 奥克斯-苏兹伯格家族文化的塑造与巩固 ……… 71
4.4.2 奥克斯-苏兹伯格家族协议的扩展与完善 ……… 72
4.4.3 奥克斯-苏兹伯格家族治理机构的多样化 ……… 74
参考文献 ………………………………………………………… 74

5 华人与美国企业家族治理体系的比较 ………………………… 76
5.1 华人与美国企业家族治理模式的相同点 ………………… 76
5.1.1 家族目标与企业目标的兼容 ……………………… 76
5.1.2 确保家族对企业的股权控制 ……………………… 79
5.1.3 增进家族成员之间的沟通交往 …………………… 81
5.1.4 塑造家族共同的价值观 …………………………… 82
5.1.5 明确家族与企业的界线 …………………………… 85
5.2 华人与美国企业家族治理模式的不同点 ………………… 87
5.2.1 所处的文化背景不同 ……………………………… 87
5.2.2 所处的法律制度不同 ……………………………… 88

5.2.3 社会信任程度的差异 …………………………………………… 96
　5.3 相关结论 …………………………………………………………… 97
　参考文献 ……………………………………………………………… 99

6 中国内地企业家族治理的探索尝试 …………………………………… 101
　6.1 广东万和卢氏家族的治理设计 …………………………………… 101
　　6.1.1 万和集团及创业家族介绍 …………………………………… 101
　　6.1.2 卢氏家族治理架构 …………………………………………… 103
　6.2 江苏罗莱集团薛氏家族的治理设计 ……………………………… 104
　　6.2.1 罗莱集团及创业家族介绍 …………………………………… 104
　　6.2.2 薛氏家族的治理机制设计 …………………………………… 108
　6.3 浙江华茂徐氏家族的治理设计 …………………………………… 113
　6.4 浙江新光集团周晓光家族的治理设计 …………………………… 115
　　6.4.1 新光集团及创业家族介绍 …………………………………… 115
　　6.4.2 周晓光家族治理设计 ………………………………………… 117
　6.5 案例启示与展望 …………………………………………………… 120
　　6.5.1 中国内地民营企业对家族治理的需求日益增强 …………… 120
　　6.5.2 民营企业家要重视家族文化的塑造 ………………………… 122
　　6.5.3 家族企业顾问团队的兴起迫在眉睫 ………………………… 123

　参考文献 ……………………………………………………………… 125

附　录 ……………………………………………………………………… 127
　家族宪法范例1 ………………………………………………………… 127
　家族宪法范例2 ………………………………………………………… 131
　家族宪法范例3 ………………………………………………………… 135

表 目 录

表 1-1 家族治理与公司治理的比较 …………………………………… 4
表 1-2 家族协议的类型 …………………………………………………… 6
表 1-3 三种主要家族治理机构的比较 …………………………………… 7
表 1-4 家族治理机制影响家族企业成长的机理 ……………………… 17
表 2-1 康氏男性成员婚姻状况一览 …………………………………… 29
表 3-1 陈家庄家规 ……………………………………………………… 47
表 4-1 《纽约时报》2006年董事会候选人简介（B类股）………… 67
表 4-2 奥克斯-苏兹伯格家族股权协议的调整 ……………………… 73
表 5-1 三个案例的家族目标与企业目标 ……………………………… 78
表 5-2 中国香港李锦记集团的事务—角色关联表 …………………… 85
表 5-3 海外家族信托与国内家族信托的比较 ………………………… 91
表 5-4 美国最大市值的12家家族报业公司股权结构
（截至2006年1月30日）………………………………………… 93
表 5-5 双重股权制度与同股同权制度的比较 ………………………… 94
表 5-6 华人与美国企业家族治理设计的比较 ………………………… 98
表 6-1 罗莱生活历年的营业收入和净利润（2008—2018年）……… 105
表 6-2 家族股权结构与家族治理 ……………………………………… 120
表 6-3 四个案例企业家族的治理体系 ………………………………… 122

图 目 录

图1-1 家族治理体系的构成 ………………………………………… 8
图1-2 企业年限、家族复杂性与家族治理 ………………………… 10
图1-3 集体行动的整合模型 ………………………………………… 14
图1-4 维持信任的循环 ……………………………………………… 16
图2-1 康百万家谱及企业发展分期 ………………………………… 27
图2-2 康氏家族企业的利益相关者 ………………………………… 28
图2-3 康氏家族企业与政府的关系模式 …………………………… 31
图2-4 康百万相公制的组织构架 …………………………………… 34
图2-5 康百万的家族治理体系 ……………………………………… 37
图3-1 国际元立集团的事业发展构成 ……………………………… 43
图3-2 国际元立集团及陈氏家族的发展历程 ……………………… 44
图3-3 陈氏家族家谱 ………………………………………………… 46
图3-4 陈氏家族治理与家族绩效关系 ……………………………… 49
图4-1 奥克斯-苏兹伯格家族族谱 …………………………… 57,58
图4-2 奥克斯-苏兹伯格家族文化的演进 ………………………… 72
图5-1 家族对企业实施股权控制的机制 …………………………… 81
图5-2 信托基金合并前苏兹伯格第四代家族成员的持股比例 …… 84
图5-3 信托基金合并后苏兹伯格第四代家族成员的持股比例 …… 84
图6-1 万和集团卢氏家族族谱 ……………………………………… 103
图6-2 罗莱薛氏家谱 ………………………………………………… 107
图6-3 薛氏家族治理与罗莱公司治理架构 ………………………… 112
图6-4 新光集团业务板块 …………………………………………… 117
图6-5 周晓光家族族谱 ……………………………………………… 117
图6-6 家族企业顾问团队专业服务内容 …………………………… 124

1 家族治理：一个文献述评

1.1 问题的提出

企业家族备受内部纷争困扰，这一现象早就被世人所知。"豪门恩怨""内讧风波"经常跃然于全世界报纸媒体的头条，成为民众们热议的话题。譬如，美国科氏工业集团（Koch Industries）因家族内部权力斗争、兄弟反目而导致企业发生破坏性的变更；意大利古驰（GUCCI）的家族内斗则从家族成员相互敌视演化到仇恨甚至凶杀，企业也被迫转手他人；印度第一豪门安巴尼家族的兄弟内斗使整个印度经济也受到波及；韩国现代集团也因郑氏兄弟内讧不得不被一分为三；中国香港新鸿基地产郭氏兄弟的豪门内斗则给企业留下一个隐患重重的权力构架；中国内地的芜湖傻子瓜子和远东皮革的家族内讧则是以触及法律底线的怪异形式进入人们的视野，对企业的发展产生了严重的影响。这些此起彼伏的豪门恩怨引发了研究者对家族企业特殊治理结构的思考。显然，由于家族因素的涉入，家族企业会面临比非家族企业更为复杂的治理问题。

大家知道，上市公司治理结构的核心就是解决委托代理问题。以往的研究认为，家族企业不存在所谓的"代理问题"。实际上，Fama 和 Jensen（1983）就指出，委托代理问题只有在单一业主亲自管理企业时才能有效消除[1]。也就是说，当家族企业的所有权处于被分享状态时，代理问题还是可能出现的。比如，家族企业股权的继承多是"诸子均分"，但关键的管理权职位仅有一个，于是所有权继承与管理权继任的分离造成了家族企业内部两权分离，由此会分化出家族股东和家族经理两种角色。当掌握控制权的家族经理为了自己的私利而采取某些威胁其他家族股东的行为时，利益冲突就会加大家族企业的代理成本（李新春、檀宏斌，2010）[2]。此外，不对称的利他主义行为也可能导致家族成员之间的代理冲突，进而引发整个家族的系统性道德风险。比如，掌握企业资源控制权的家族经理常常为家族成员提供在其他地方不能获得的雇佣保障和其他特权。家族经理的利他水平越高，就越容易导致家族成员采取搭便车和偷懒的行为（Schulze，2003）[3]。基于以上分析，我们了解到家族企业特殊治理问题的根源在于家族成员之间的目标不一致，由此导致他们行为的差异与矛盾冲突。因此，家族因素的涉入使家族企业将面临比非家族企业更加复杂的公司治理结构（Neubauer 和 Lank，1998）[4]。怎样对家族系统进行有效治理开始进入研究者的视野，家族治理概念也随之流行起来。

普华永道（Price Waterhouse Coopers）在 2008 年和 2012 年发布的家族企业报告里，就针对不同国家的家族治理状况做过专项调查[5]；国际金融公司（IFC，2009）出版的《家族企业治理手册》与沃顿全球家族联盟（Wharton Global Family Alliance，WGFA，2012）出版的《家族治理报告》等[6,7]，都显示出知名管理咨询公司对企业家族治理实践的日益重视。在我国，一些财经媒体开始举办家族治理最佳实践的评选活动（比如，由《家族企业》杂志联合《中国经营报》从 2014 年起连续进行中国最佳家族企业传承评选），或者通过高峰论坛交流企业家族治理（包括财富管理、家族企业传承与法律风险管理等）的有益经验，其影响力有逐步扩大的趋势①。

学术界对家族治理的研究兴趣也在与日俱增。Yu，Lumpkin，Sorenson 和 Brigharn（2012）对 1998—2009 年公开发表的 257 篇家族企业实证研究文章进行统计，发现有 20.47% 的论文将治理问题作为研究主题，列居所有主题的首位[8]。形成鲜明对照的是，Dyer 和 Sanchez（1998）对美国《家族企业评论》（FBR）1988—1997 年发表的全部家族企业研究文献进行的统计分析显示，有关治理问题的研究仅占 5.38%，在所有主题中排名第 9 位[9]。导致这种变化的重要原因之一，就是将家族治理纳入家族企业治理研究的范畴中。

尽管关于家族治理的研究有逐渐增加之势，但与成熟的"公司治理"体系相比仍存在一系列问题，比如，"家族治理"概念的分歧，学者们对于"家族"究竟是治理的"主体"还是"客体"存在不一致的看法；家族治理缺乏严谨的理论体系支撑；迄今为止，仍未能就许多有关家族治理的基本问题进行系统梳理，如家族治理机制究竟有哪些，不同类型的家族治理机制之间存在何种差异，创业家族为何会实施家族治理体系，家族治理又是如何影响家族企业绩效的。带着以上问题，本文回顾了相关的研究文献，归纳了各问题的答案及其背后的理论机制。在此基础上，对家族治理接下来的研究方向进行了展望。

---

① 譬如 2012 年 11 月 3 日召开了"家族企业传承与法律风险管理"高峰论坛；博鳌亚洲论坛 2013 年年会专门开设了"基业长青：家族企业的传承与公司治理"分论坛；2014 年 7 月 26—27 日，由《中国慈善家》杂志社发起，正和岛、中华民营企业联合会、慈传媒联合主办"中国家族财富传承"峰会；2015 年 6 月 5 日举办"2015 中国国际家族财富管理"高峰论坛；2016 年 5 月 18 日举办"中国家族财富管理"高峰论坛；2017 年 6 月 17 日举办"家族企业股权保护和财富传承"专场高峰论坛等。

1.2 家族治理：概念与结构

1.2.1 家族治理的概念界定

什么是"家族治理"？现有文献对该术语的使用主要有两种观点。一种观点所指的"家族治理"，是由"家族"（而非一个职业化的董事会）来对家族企业进行治理，即"家族"作为主体对家族企业施加各种影响的行为。比如，李维安等（2002）将"家族治理模式"与"英美模式""德日模式"放在一起，并称为公司治理的三大模式。他们所指的"家族治理模式"是"企业所有权与经营权没有实现分离，企业与家族合一，企业的主要控制权在家族成员中配置的一种治理模式"[10]。在这种模式下，企业的所有权主要控制在以血缘、亲缘和姻缘为纽带组成的家族成员手中，主要经营管理权由家族成员把持，企业决策程序按家族程序进行。与该观点一脉相承的，有不少学者采用家族所有、家族控制、家族管理三个维度来测量家族对公司治理的影响程度（王明琳等人，2010；陈建林，2014）[11,12]。

另一种观点所指的"家族治理"的英文是 family governance。该观点的出发点是，"家族"不仅是家族企业竞争优势的资源基础，也可能是其成长过程中的干扰和不确定因素。因此，需要对家族内部关系以及家族成员的行为进行规范。也就是说，与企业系统相对应的家族系统也应该成为治理的客体。有学者比较了"家族治理"与"公司治理"这组概念（Moore 和 Juenemann，2008；IFC，2009；Morrone 和 Armstrong，2013）[13,14]，两者的区别见表 1-1。通过比较可以发现，公司治理是指与公司的战略方向和控制相关的一套架构和程序。其关注的核心主要是防止管理者与所有者的利益背离，维护股东和相关各方面的利益。而家族治理的核心则是防止家族内部的利益背离，平衡家族系统与企业系统之间的利益。因此，家族治理的目标可以分解为两部分：一是确保家族内部团结；二是协调家族与企业之间的关系，比如确保家族对企业的长久控制、明晰家族系统与企业系统的边界等。

表1-1 家族治理与公司治理的比较

维度	公司治理（corporation governance）	家族治理（family governance）
使命	解决委托人（所有者）与代理人（管理者）之间的利益背离	解决家族内部的利益背离，平衡家族与企业的动态利益
目标	● 防止经营者与所有者的利益背离，确保股东利益最大化 ● 协调公司与利益相关者的关系，确保公司决策的科学有效，维护公司各方面的利益	● 促进家族成员的沟通与团结 ● 确保长期的家族所有权，以获得家族企业的跨代延续 ● 明晰家族与企业的界限，减少家族成员对企业的操纵
职责	● 确保企业有切实可行的长期战略 ● 确保CEO是执行战略的最佳领导者 ● 监控战略的实施进程 ● 监督财务报告的信息披露 ● 监督企业伦理道德的遵守情况	● 设立战略导向 ● 选举董事并授权董事会监督企业 ● 制定家族成员雇佣政策 ● 制定家族成员持股政策

资料来源：根据相关资料整理而成。

综上所述，本文所研究的"家族治理"属于第二种。我们将它的概念界定为：为了家族与企业的长远发展，企业家族建立的一整套规范和强化家族内部关系以及家族与企业之间关系的制度、程序和结构。

1.2.2 家族治理的构成

有哪些工具或者机制可以用来实现家族治理的目标呢？不少机构和学者提出了各自的看法（Ylvisaker，1990；Jaffe 和 Lane，2004；Gallo 和 Kenyon-Rouvinez，2005；兰兹伯格，2005；IFC，2009；Montemerlo 和 Ward，2011）[15-19]。我们将这些治理工具和机制归纳如下：

（1）家族协议

家族协议是治理家族与其企业之间关系的书面规则或规定。尽管这个名称颇具时代感，但实际上，早在几个世纪之前，家族协议的做法就已经被一些商人家族所使用。比如，日本的三井家族在1900年就制定了被称为"私有宪法"的三井家规（白益民，2006）[20]；拥有法国欧尚集团（Auchan）等众多企业的穆里叶家族（Mulliez），其家族宪法也有近百年的历史（范博宏、张天健，2011；赵国瑞，2012）[21,22]；中国明清时期经营老字号墨业的胡氏家族也是在祖训的指导下延续了近200年（周生春、陈倩倩，2014）[23]。家族协议可以简短到只有1页纸，只阐述家族价值观，也可以长达50页，写满准则和合约性条款，但其目的都是保持家族成员团结一致，并且保证家族成员为家族企业的未来全力以赴。

Montemerlo和Ward（2011）根据关注点和角度的不同，将家族协议区分为家族声明、家族企业规程、股东协议以及家族宪法四种类型。家族声明介绍的是对家族而言重要的价值观和理念。家族企业协议界定的是家族与企业相互关系的正式准则，包括就业规则、关于谁可以对媒体发言的明确指示、家族成员升职及职业发展的评估流程等。股东协议详细说明股东之间的法律认知，包括买卖股份协议、赎回流程和股息权利等。家族宪法是以上三种类型的家族协议结合起来形成的一份全面文件，明确表述适用于家族所有组织机构的治理机制与家族准则，它们的不同见表1-2。

（2）家族治理机构

家族治理机构是让家族成员聚到一起的组织形式，家族成员可以以此增加相互联系和讨论公司、家族事务的机会，这些有组织的活动可以帮助家族成员增进理解、取得共识。IFC（2009）介绍了几种家族企业可能会建立的一些家族治理机构，包括家族会议、家族大会、家族理事会等。家族会议是企业处于创始人阶段召开的非正式的"碰头会"。家族大会也称"家族论坛"，是所有家族成员讨论公司和家族事务的正式平台。家族理事会又称"家族管委会""家族执行委员会"等，是由家族大会从会员中选举产生的，负责商议家族企业事务的治理机构。家族会议、家族大会、家族理事会的主要区别见表1-3。

一些富有的企业家族还会创设家族办公室来管理家族财富，并为股东大会和管理层提供专业化建议（Gallo和Kenyon-Rouvinez，2005）；家族基金会经常与家族办公室合作，具体负责将家族财富用以各种社会目标的捐献（Ylvisaker，1990）。在实践中，家族办公室与家族基金会作为家族财产管理的机构，通常都是在家族委员会的组织和监管下进行运作的。此外，对于那些投资多元化的企业家族，家族控股公司也被列为家族治理机构之一，对家族持有的一系列资产（比如，旗下公司、度假物业、慈善事业、家族信托及其他投资等）负有整体监管责任，代表着家族的长远方向和对未来的梦想（Jaffe和Lane，2004）。

表1-2　家族协议的类型

比较维度	家族声明 (family statement)	家族企业规程 (family business protocol)	股东协议 (owner's contract)	家族宪法 (family constitution)
目标	关注家族	关注家族企业	关注所有权	关注家族、所有权和企业
特征	理念性/道德执行	规范性/道德执行	规范性/法律执行	理念性+规范性/道德与法律执行
主要内容	家族价值观与理念 家族企业原则	家族企业准则与程序 家族对企业持续性承诺的表达	关于所有权与治理的家族企业规定 合约性条款	家族价值观与信念 家族企业原则 家族企业准则与程序 合约性条款
程序	所有家族成员的广泛参与大多依靠具有家族企业背景的顾问推进	主要针对参与企业事务的家族成员（目前或未来）具有家族企业背景的顾问推进并提供技术咨询与支持；也可能邀请法律与财务专家参与	仅由家族股东参与由法律或财务领域的技术专家提供帮助；家族企业顾问也会参与进来，帮助家族股东厘清目标	一般要求家族成员广泛参与；不同群体可能负责制定宪章的不同部分综合顾问团队：家族企业与战略顾问、法律与财务领域的专业人士，以及家族涉入其他领域的顾问
优势	关注基本问题与核心决策 提供家族教育与参与机会	使价值观与原则更为具体 可优先处理最关键的问题 更快地正式成文 执行步骤明确	明确所有者的权利与责任 树立企业员工信心 法律防御性	将家族与企业的利益集合在一起
劣势	过于宽泛与抽象	准则制定涉及外部介入，容易让人产生抵触情绪 对准则的表述如果太细，可能导致家族企业关系过于僵化	可能使家族成员产生错误的安全感 不足以保障家族所有者团结及其对企业持续性的承诺	过于复杂 大多问题有待确定，太多因素有待维系

资料来源：D. Montemerlo, J. L. Ward (2011)。

表1-3 三种主要家族治理机构的比较

机构	家族会议	家族大会	家族理事会
存在阶段	创始人控制阶段	兄弟姐妹合伙阶段；堂/表兄弟姐妹联盟阶段	兄弟姐妹合伙阶段；堂/表兄弟姐妹联盟阶段
状态	通常不正式	正式	正式
会员资格	通常对所有家族成员开放 其他一些成员标准可能由创始人建立	通常对所有家族成员开放 其他一些成员标准可能由家族建立	由家族大会按照家族建立的标准选举而成
规模	家族仍在创业者阶段，因此规模很小 通常6～12名家族成员	取决于家族规模和成员标准	取决于会员入选条件 理想状况是5～9人
会议召开次数	取决于公司发展状况，公司发展迅速时，可每周召开1次	通常1年1～2次	通常1年2～6次
主要活动	● 交流家族价值观和愿景 ● 讨论和发掘新的商业点子 ● 培养企业的下一代领导人	● 讨论和交流想法、分歧和愿景 ● 批准重大家族政策和程序 ● 教育家族成员了解公司事务 ● 选举家族理事会和其他委员会成员	● 解决冲突 ● 制定重大家族政策和程序 ● 规划 ● 教育 ● 协调与管理层和董事会的工作关系，平衡企业和家族利益

资料来源：国际金融公司（IFC，2009）；《家族企业治理手册》；百度文库。

（3）家族文化

公司治理需要管理架构与企业文化。同样，家族治理也需要完善的治理结构与家族文化，其中，家族治理结构是基础，而家族文化（即家族价值观）则是软实力。家族文化是指一个家族内形成的一套规则、习惯、行为、理念等。一般来说，家族文化或价值观始于创始人，反映他/她作为家族领导者和创业家的行为。这些价值观会逐渐从一代人传递到下一代人，进而在更广泛的家族成员群体得以分享。家族文化设定了家族内部的行为标准，让成员了解对彼此的期望。当家族成员根据共享价值观进行行动时，就会建立起信任感。

共享价值观、规范、信念和经历也有助于家族成员理解彼此的动机。共同价值观能够鼓励合作，促进关系，减少有害的冲突，对危机做出有效反应，从而构建决策和规划（卡洛克和沃德，2012）[24]。

李新春等（2013）将家族治理机制分为正式治理与非正式治理两类。他们认为，家族正式治理结构的建立是家族治理独立并正式化的体现，主要表现为家族委员会的建立及家族宪法的制定与发展。而在家族治理发展的初期，家族传统和文化等非正式制度也能够对家族内部关系进行规范，并促进正式治理机构的发展[25]。实际上，家族传统和文化并不仅仅在家族治理初期发挥作用，它会随着家族动态逐步发展巩固，并通过家族声明、家族宪法等形式进一步正式化。因此，综合的家族治理体系如图1-1所示。

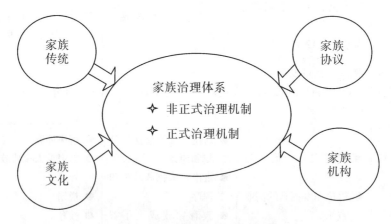

图1-1　家族治理体系的构成

1.3　影响家族治理的因素

根据家族企业系统理论，我们从内部（包括家族、企业、所有权）以及外部（社会文化与法律制度）梳理影响家族治理的因素。

（1）家族复杂性

综合现有文献来看，影响家族治理的最主要因素是家族复杂性。一般来说，家族复杂性程度通常可以用"家族规模"与"家族结构"两个指标进行衡量。家族规模是指家族成员的数量；家族结构指家族成员之间的组合状况及由此形成的家庭模式和类型。对家族结构的划分有着不同的分类标准。较为常见的做法是社会学家的分类——核心家族或家庭、主干家族或家庭和扩展家族或家庭。在家族企业传承研究中，创始人的婚史和配偶数目、第一个子女的性别经常被用来衡量家族结构（Bennedsen et al.，2005）[26]。

Suare 和 Santana-Martin（2004）通过对西班牙家族企业进行研究发现，不管正规程度如何，家族治理机制主要在多代的家族企业中运用[27]。其原因是：随着家族的繁衍，企业所有权结构会经历所有者控制型—兄弟合伙制—家族合伙制的演变，家族股东内部会逐步发生分化，不在企业工作的非积极家族股东比例上升（Brenes 等，2011）[28]。他们需要通过正式或者非正式的场合获取家族企业的相关信息，因此需要创建相关的家族治理体系。另外，随着家族规模的扩大，家族成员之间的社会交往程度降低（Mustakallio 等，2002）[29]。由于缺乏共同经历和亲密关系，家族联系逐渐削弱，在后代家族成员之间的信任程度会下降（Steier，2001）[30]。这将导致那些持股少且不在企业工作的家族成员对企业核心目标的认可程度下降。因此，需要建立家族治理机制，让所有家族成员都有表达自己期望和需求的场所，并为共享价值观的塑造提供保证。当然，较简单的企业家族也可能为了企业延续而对家族治理产生需求，不过其正规程度要低得多。也就是说，家族复杂性会增加家族治理发展的可能性和正规程度。

（2）家族股东涉入管理的类型

家族股东涉入企业管理的类型对于家族治理体系的结构和内容非常重要。通常可能出现以下三种情形：

第一种情形：当所有权处于被分享状态（在兄弟姐妹合伙制或者堂/表兄弟合伙制下），但家族成员都不在企业工作时，家族治理的内容主要是教育家族成员如何成为负责任的股东，以及对股份买卖和赎回的协议制定。

第二种情形：当所有权处于被分享状态，且家族企业 CEO 由家族成员担任时，如果家族 CEO 出于自身利益目标而采取某些威胁到其他股东的行为时，家族企业"自身的代理问题"就会发生（Schulze et al.，2003）。由于家族 CEO 的行为动机难以识别，这种内部的代理问题一直会持续下去。在这种情形下，需要更加正式和组织化的家族治理体系来代表家族整体利益进行合理决策，比如需要家族委员会作为家族内部沟通平台；需要家族宪法对家族与企业的界限进行明晰划分、制定接班人培养和甄选规则以及家族股东协议等。

第三种情形：家族已经不再是企业的控股股东，但家族成员仍担任企业的关键职位。家族企业会散失控制权主要是因为部分家族成员将有投票权的股票出售给外人，而他们卖掉手中的股份的原因无非是缺乏共同愿景以及家族内部出现严重分歧。因此，该种情形的出现往往是家族治理恶化的结果。

(3) 企业年限

企业年限也与家族治理体系相关。Fahed-Sreih 和 Djoundourian（2006）针对 114 家黎巴嫩家族企业的统计结果显示，企业年限超过 30 年且至少经历过一次代际传承的家族企业召开家族会议的次数较频繁，这说明较长年限的家族企业更有可能有较完善的家族治理机制[31]。实际上，企业年限与家族复杂性这两个因素在通常情况下是同步的（比如图 1-2 中的区域Ⅰ和Ⅳ），但也存在特殊情况。比如兄弟合伙创立企业（区域Ⅱ），当企业还在初创期的时候，家族规模与结构已经进入较复杂阶段。此外，区域Ⅲ代表的则是年限较长但家族结构较简单的企业，这或者是"去家族化"的上市公司，或者是经过"修枝剪叶"的家族企业。

具体来看，对于区域Ⅰ的年轻家族企业来说，企业首要考虑的是生存问题，暂时还来不及顾及对家族进行治理。对于区域Ⅱ的企业来说，企业最大的问题仍是"谋生"，但兄弟合伙创业的企业可能会订立初步的家族协议（比如股东协议），并建立非正式的家族治理机构（比如家族聚会、家族会议等）。区域Ⅲ中经过"修枝剪叶"的家族企业，为了确保家族对企业的长久控制，因此对家族治理的要求更高，通常会有正式的家族委员会、家族宪法等。区域Ⅳ的长寿家族企业是采用完善家族治理体系的主要群体。

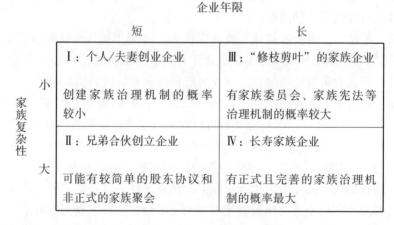

图 1-2　企业年限、家族复杂性与家族治理

(4) 社会文化法律环境

家族是嵌入在社会的一个基本单元，因此，社会文化以及民族或种族亚文化肯定会对家族治理机制（尤其是家族文化）有决定性影响。Huang 和 Gove

(2012)指出，儒家文化在近2000年的历史中，在社会、伦理和政治层面塑造了华人文化[32]。儒家文化重视教育，在家族至上的观念中，子女是父母生命的延续，因此子女被赋予继承家业、沿袭家风的重任，所以培养子女成长成了家长们的重要任务。中国儒家文化奉行"家国同构"的理念，教育经常成为划分社会等级的手段。在处理家族关系上，儒家文化主张爱家人，这是"仁"的根本。只有爱家人，才会爱别人，才能为社会创造价值。为了促进家族内部的和谐，儒家文化要求尊重父母的权威，要求子女孝顺，每个人都尽职尽责。此外，华人孩子更倾向于通过避免冲突来维持和谐。而在西方社会，家族文化更多会受到基督教、伊斯兰教和犹太教的影响。

除了社会文化之外，家族所在地的法律制度也会影响家族治理安排。最明显的是家族协议的制定与执行。Hauser（2009）比较了不同法律体系下的家族治理[33]。在普通法系的国家里（比如美国），父母可以自由决定遗产分配（财产均分或者根据后代能力、需求、婚姻、职业以及与父母的情感亲近等因素进行差异性分配）；而该做法在欧洲大陆法系的国家（比如法国）里是不可能的，因为子女的继承权在出生时就确立下来了。不同国家法律对于发行股票类型的规定也有差异，这也将影响家族股权结构设计以及家族如何对企业实施控制。

1.4 家族治理影响家族企业绩效的途径机理

本节将对家族文化、家族协议以及家族机构这三种主要的治理机制影响家族企业绩效的途径分别进行详细阐述。在此之前，有必要对家族企业绩效予以界定。对于一般企业来说，财务指标是衡量企业绩效的主要指标。而对于家族企业来说，由于性质和目标的多重性，家族企业绩效的衡量也就成为一个特殊问题。其特殊之处体现在以下两点：

第一，仅用经济指标来衡量家族企业的绩效不充分。我们经常观察到，家族企业偏离自身经济目标而去追求非经济目标的事实，因此，Chrisman等（2003）指出，家族企业绩效包含了经济性指标（财务绩效和成长绩效）和非经济性指标（社会资本和地位等①）的观点已经成为共识[34]。Colli（2012）基于企业史视角展开的研究进一步丰富了家族企业非经济绩效的内涵。他认为，延续（survival）、声誉、可持续性发展（sustainability）以及社会绩效都应该纳入家族企业绩效指标体系[35]。

第二，仅用企业绩效来衡量家族企业的整体绩效不合理。Olson等（2003）从可持续发展的视角出发，提出应该从"家族"和"企业"各自的绩效及其融合来衡量家族企业的综合绩效[36]。他们认为，家族绩效与企业绩效的衡量都存在主观和客观两种形式。家族绩效的主观成就即家族功能的实现，包括家族凝聚力和家族适应力两个维度，也有学者主张采用家族满意度测量家族主观绩效；家族绩效的客观成就通常用家族财富来衡量。企业绩效的主观成就是企业理念的成功，其客观成就是企业总收入的增加。

鉴于此，本文将采用包括家族绩效和企业绩效的综合绩效体系，其中企业绩效的衡量也不只是财务绩效，而是涵盖了企业延续、声誉、可持续发展和社会绩效等更加丰富的内涵。正是由于这个原因，本文大标题采用了"企业成长"来替代"企业绩效"。

1.4.1 家族文化与家族企业绩效

家族文化是一种非正式的家族治理机制。它是指在一个家族内，家族成员之间通过长期的共同交往形成的特定文化观念、价值规范、道德规范、礼仪风俗、传统习惯等。梳理相关文献发现，家族文化是在家族各代人和各个支系之间作为建立和保持长期家族和人际关系的纽带。达成共识的价值观对下一代十分重要，因为这将支持他们如何共同协作。家族文化对家族团结和功能的影响是一把"双刃剑"：好的家族文化会促进家族绩效，不好的家族文化也可能造成家族功能的紊乱并给企业存续与绩效带来消极影响（Nemilentsev，2013）[37]。目前，探寻"好的"家族文化元素已经引起了越来越多的关注（Berrone et al.，2012）[38]。尤其在发展中国家中，企业家族如何获得快乐以及家族成员自我实现的问题也显得愈发重要（Zellweger & Dehlen，2012）[39]。

家族文化对家族企业绩效的影响既有直接效应，也有间接效应。直接效应

---

① 在中国，有的民营企业家在企业取得经济实力之后都开始注重非经济价值的获取，包括社会形象的提升和政治地位的改变。比如，万向集团董事局主席鲁冠球担任了全国企业家协会会长和全国人大代表；传化集团控制人徐冠巨担任浙江省政协副主席和省工商联主席；义乌的新光集团董事长周晓光是当地唯一的全国人大代表。在全国具有影响力的荣毅仁家族和霍英东家族，政治地位对于他们家族企业的财富获取提供了巨大帮助。

是指家族文化对家族企业绩效的直接影响。Aldrich 和 Cliff（2003）的研究揭示，家族文化（包括规范、态度与价值观）会影响创业家族对于风险投资的机会识别与启动决策，从而对新创企业的存活、主客观绩效产生影响[40]。李新春等（2013）以中国香港李锦记家族为例，探讨了家族文化对代际创业的影响。他们认为，李氏家族的家族文化不但能够发挥延续创业精神的功能，而且有利于创业导向决策机制的形成。Tapies 和 Fernandez（2011）在对西班牙、意大利、法国和芬兰的家族企业的比较研究中发现，"注重品质""努力工作""诚实"这三种价值观对家族企业长寿的影响相当明显。该论文还提出，企业长寿会通过促进公司品牌、声誉等途径对企业的财务绩效带来长期正面的效应；反过来，对企业中的家族也有积极影响[41]。

间接效应是指家族文化会通过对企业文化的渗透进而对战略和企业绩效产生影响。Gatrell、Jenkins 和 Tucker（2001）的研究发现，由于创始人或者家族领导者的影响，家族文化与企业文化之间往往具有高度的内在一致性[42]。这是因为，创始人直接通过自身的领导力构建企业文化，同时又通过继任他/她担任企业股东或领导者的子女来间接构建企业文化。以沃尔玛为例，在公司创始人山姆·沃尔顿的节俭精神的影响下，公司的高层管理人员被要求乘坐长途汽车、合住酒店客房来节约成本。卡洛克与沃德（2012）认为，沃尔玛这个企业神话的重要性并非在于具体行动所创造的直接成本节约。与之相反，它反映了看待企业以及"我们"如何竞争的方式。这种对费用极度敏感的文化成为整个沃尔玛战略的基础，使其能够以极具竞争力的价格销售产品，因为它拥有零售行业最低的成本结构。还有的家族明确相信长期投资的价值（比如嘉吉家族及其姻亲麦克米伦家族，他们是世界"四大粮商"之一嘉吉集团的控股家族），他们经常通过较低的股利分配政策，将利润重新投资到企业中，这对企业战略具有重要影响。

1.4.2 家族治理机构与家族企业绩效

家族机构影响家族企业绩效的理论基础是社会交往理论。Habbershon 和 Astrachan（1997）指出，家族治理机构（比如家族会议）为家族成员聚在一起提供了有效途径，有助于家族集体认知的形成，并通过家族成员的一致行动促进家族团结[43]。该文认为：集体认知（比如共享价值观）是家族会议的"产出"，并通过家族成员之间的对话、教育和交往等活动进行不断的调适（如图 1-3 所示）。以上理论模型得到了其他学者的验证。比如 Lamp（2010）对美国 3 个家族企业进行深入案例研究，发现家族治理机构为家族成员之间以及家族与企业之间提供了沟通网络，可以增强企业家族的凝聚力[44]。Brenes

等（2011）的定量证据也证实，家族委员会以及由此增进的沟通有助于冲突解决，并能有效防范可能引发的危机。

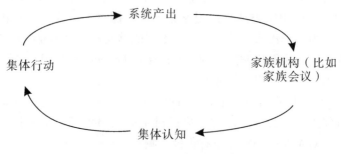

图1-3 集体行动的整合模型

资料来源：Timothy G. Habbershon, Joseph H. Astrachan. Research note perceptions are reality: how family meetings lead to collective action [J]. family business review, 1997, 10（1）: 37-52.

在企业绩效的测度指标中，学者们最早关注到家族治理机构对企业延续的影响。Astrachan和Kolenko（1994）的实证研究显示，家族会议、董事会的存在以及战略规划等治理实践与企业长寿显著正相关[45]。Fahed-Sreih（2006）对黎巴嫩家族企业的研究也证实，成熟的家族企业（超过30年）更可能通过顾问委员会和家族会议等方式进行参与式决策。窦军生等（2009）的研究为家族治理机构与企业延续的关系提供了一种解释[46]。家族治理机构为家族成员的沟通提供了场所，增进了相互之间的亲密度与凝聚力，这将有利于家族企业默会知识的代际传递，从而有助于企业的延续。

家族治理机构为企业财务绩效的提高也创造了有利条件。Mustakallio等（2002）提出，家族机构为家族成员之间的社会交往提供了媒介，这有利于共享价值观的形成，进而可以提升家族企业战略决策的质量与承诺。该模型的有效性得到了来自于芬兰的192个家族企业样本数据的证实。Blumentritt等（2007）认为，家族委员会的存在可以明晰家族与企业之间的边界，为非家族CEO创造了一种支持性的工作环境，增进他们成功的机会[47]。Berent-Braun和Uhlaner（2012）深化了对于中间变量的研究。他们通过来自18个国家64个家族企业的研究发现，创业家族对家族财富的关注在家族治理机构与财务绩效的关系中承担中介作用。如果家族成员对家族财富抱着共同保护和增长的目标，那么家族治理实践（包括家族宪法、家族行为规则、清晰的选举和责任准则、家族委员会、正式的家族沟通机制和家族团聚）与企业的财务绩效呈现正相关[48]。如果创业家族是抱着收割家族财富的目的，那么两者之间的正相关关系不成立。Tower等（2007）针对241家小型家族企业的实证研究还揭示，家族会议与财务绩效的关系还受到参会会员资格的影响。只有包容性最强（即对参会成员不设限）的家族会议才能对财务绩效产生显著影响[49]。

此外，Poza，Hanlon 和 Kishida（2004）的研究发现，家族会议、休闲聚会和家族委员会可以在促进家族企业的有效性和可持续性发展方面发挥重要作用，因为它们在家族成员中创建了一个新的环境，在其中，成员们亲善友好，愿意以团队方式解决问题，并能意识到企业的机遇。家族团结和有效的家族-企业互动使企业战略和各项治理实践方法更有可能实施且更加持久[50]。

1.4.3 家族协议与家族企业绩效

归纳起来，家族协议影响家族企业绩效的途径主要有以下三条：

其一，家族协议通过家族认同、相关准则和程序使家族成员在碰到无法避免的变化或偶然的噪音时保持灵活性（Lamp，2010），这有助于保持或促进良好的家族功能。比如，有的家族协议会对关键家族成员去世或者辞职制定应对性的处理程序，以规避这类事件对家族和企业可能带来的毁灭性打击。

其二，家族协议有助于将家族企业早期的人际信任转化为制度信任，从而促进家族企业的延续。Sundaramurthy（2008）指出，家族企业情境下的信任是动态和多维的（如图1-4所示）。在早期阶段，信任是家族企业的竞争优势。但随着家族企业的成长，信任状况经常会因为各种因素而恶化。因此，企业家族需要通过结构和程序的设计去维持早期阶段的人际信任[51]。比如，制定清晰透明的家族成员进入、薪酬和晋升准则，可以澄清家族企业内不同行为主体的角色、责任和期望，减少潜在的角色冲突，增强他们在家族企业系统内工作的信任潜力；在一些公司，家族成员的薪酬与非家族成员一样，都是基于责任和绩效水平。同辈的兄弟姐妹、堂/表兄弟姐妹因为各自的绩效和贡献差异，拿到的薪酬也不同。实际上，在治理家族成员和非家族成员的一些关键问题上使用透明一致的原则，提供了程序公平的基础，这往往比结果公平更加重要。基于程序的公平不但可以在家族系统内部构建制度信任，还可以在家族系统与企业系统之间建立制度信任，有效地维持家族企业内的高信任水平。

其三，家族协议为家族进行商业管理提供了清晰的"游戏规则"，可以增加家族企业管理的透明度。Brenes 等（2011）针对22个拉丁美裔家族的研究进一步揭示，家族协议能促使公司董事会的态度发生变化。具体而言，家族协议提升了董事对家族企业的承诺，董事会的次数也会相应增加，这对家族企业的社会绩效和财务绩效都有帮助。

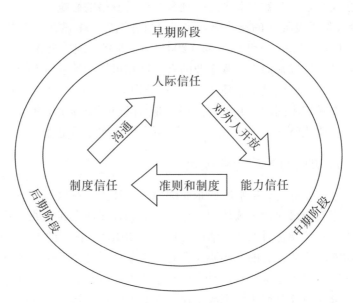

图 1-4　维持信任的循环

资料来源：Chamu Sundaramurthy. Sustaining trust within family businesses ［J］. Family business review, 2008, 21（1）: 89–102.

1.5　结论与研究展望

1.5.1　简要结论

本章对家族治理的概念及其影响家族企业绩效的机制进行了文献综述，构建起家族治理与民营企业成长之间的逻辑关联，有效弥补了家族企业治理研究的空白。这也是国内较早尝试对家族企业中的家族"黑箱"的探索研究。本章的结论如下：

第一，什么是家族治理？通过对现有文献中使用的多种定义的辨析，指出家族治理并非"由家族来对家族企业进行治理"的模式，亦非"家族涉入"的代名词，而是一个与"公司治理"相对应的概念，指出家族企业治理的对象既包括"公司"，也包括"家族"本身。在资料整理的过程中，我们发现：家族治理实践早于其概念形成。最初的家族治理实践是律师、金融专家为富有家族进行遗产规划的工具（比如，遗嘱、信托、基金会等），后来随着家族企业三环模型的提出，家族治理逐渐引起管理学者的重视，其内涵也日益丰富。

因此，本文界定的家族治理（family governance）是企业家族为了家族与企业的长远发展而建立的一整套规范和强化家族内部关系以及家族与企业之间关系的制度、程序和结构。在此基础上，笔者详细阐述了三种主要的家族治理机制——家族文化、家族治理机构与家族协议，展现了一幅较为完整的家族治理体系图。

第二，影响企业家族实施家族治理的因素有哪些？我们在家族企业系统论的基础上，从内外部环境出发，对影响家族治理体系的因素进行了梳理分析。首先，家族本身的特征对家族治理的发展发挥着重要影响。研究发现，家族规模与结构是家族治理机制的首要驱动因素。随着家族规模的扩大，企业所有权结构也将日益复杂。要给所有家族股东提供公共信息平台以及加强他们之间的信任团结提升了对家族治理机制的需求。其次，家族股东涉入管理的类型以及企业年限作为企业情境因素，也会对家族治理的实施产生影响。最后，社会文化、法律制度是企业家族进行家族治理机制设计的制度环境，这也是不同国家的企业家族治理体系存在差异的主要原因。

第三，家族治理是如何影响家族企业成长的？这是家族治理研究的逻辑基础，也是本文的重点所在。我们采用了家族绩效与企业绩效的综合绩效体系来衡量家族企业成长，前者可用家族团结（凝聚力）、家族适应力来测量，后者则可以用包括财务绩效、社会绩效、企业存续在内的多个指标来刻画。通过文献梳理发现，不同类型的家族治理机制影响企业成长的机理有所不同，具体见表1-4。

表1-4 家族治理机制影响家族企业成长的机理

类　型	理论基础	与家族企业成长的关系
家族文化	家族系统论 竞争优势论	● 家族文化是家族成员之间的互动模式，直接影响家族团结 ● 作为家族企业竞争优势来源，家族文化能通过共同愿景、战略选择、投资决策和治理模式等对家族企业的存续、财务绩效产生重要影响 ● 不利的家族文化也可能造成家族功能的紊乱并给企业存续与绩效带来消极影响

续表 1-4

类　　型	理论基础	与家族企业成长的关系
家族治理机构	社会交往论 委托代理论	● 家族治理机构为家族成员提供了沟通场所与途径，有助于形成共同愿景，促进家族团结 ● 在大型家族企业中，家族治理机构在解决冲突、提供决策质量与承诺等方面有着正面效应；但在中小型家族企业中，家族治理机构常常替代公司治理机构发挥作用，这可能引起委托代理问题 ● 家族治理机构能否增进家族企业绩效还受到沟通模式、会员资格、家族企业目标等因素的影响
家族协议	信任理论	● 家族协议中明确规定诸如家族冲突的解决机制、家族成员的进入条件、薪酬以及晋升等程序，有助于建立程序公平，从而促进家族信任与承诺，对家族企业存续有帮助 ● 家族协议可以增加家族企业管理的透明度，有助于构建家族与企业之间的信任，对家族企业的社会绩效和财务绩效都有帮助

1.5.2　进一步研究的方向

研究家族治理的文献正在呈现不断增加的趋势，研究方法的应用更加精细，所提供的结论见解也更加深入，但仍有一些问题悬而未决：

第一，为什么企业家族决定实施复杂的家族治理体系？尽管前文对此已经做了初步尝试，找出了一些显性因素，但家族动态和企业动态究竟如何影响这种治理体系的建立尚需要进一步细致地探索。

第二，家族治理体系中各部分相互之间如何匹配？作为非正式治理机制的家族文化如何与正式治理机制的家族机构、家族协议进行相互演化的，目前这一块的研究还是空白。

第三，不同国家的企业家族治理制度到底存在哪些差异？从现有文献的分布来看，国外文献占据主导，国内相关研究则较少，其主要原因在于中国家族企业发展存在"断层"。中国改革开放已近 40 年，民营企业也陆续经历接班换代，这些企业对家族治理的需求与日俱增。据报道，国内有些大型家族企业已经开始着手进行家族治理实践了，对这些家族企业案例的研究不但可以弥补中西方之间的差距，还可以发现它们与国外家族企业在家族治理体系上的差异。

第四，现有文献主要支持了家族治理与家族企业成长之间的正向关系，但也要注意到家族治理对家族企业可能存在的负面作用，比如"坏"的家族文化等。未来的研究可以对成功家族治理与失败家族治理的案例进行比较研究，以增进对该研究主题的全方位思考。

第五，虽然家族治理研究在近些年增加很快，但缺乏统一的理论建构使家族治理研究呈现"零散化"状态。许多家族治理的研究空白尚需要家族企业研究者与其他领域（比如社会学、心理学、法学等）的学者合作来予以填补（弗里斯、卡洛克和特雷西，2013）[52]。

参考文献

［1］ FAMA E F, JENSEN M C. Separation of ownership and control ［J］. Journal of law & economics，1983，26：301 – 320.

［2］ 李新春，檀宏斌. 家族企业内部两权分离：路径与治理——基于百年家族企业中国香港利丰的案例研究 ［J］. 中山大学学报（社会科学版），2010（4）：178 – 188.

［3］ SCHULZE W S, LUBATKIN M H, DINO R N. Exploring the agency consequences of ownership dispersion among the directors of private family firms ［J］. Academy of management journal，2003，46（2）：174 – 194.

［4］ NEUBAUER F, LANK A. The family business：Its governance for sustainability ［M］. Houndmills：MacMillan Press Ltd，1998.

［5］ PWC. Family business survey 2016 ［R］. https：//www.pwc.com/gx/en/services/family – business/family – business – survey – 2016.html.

［6］ AMIT R, PERL R. The wharton global family alliance, 2012 family governance report：sources and outcomes of family conflict ［EB/OL］. http：//wgfa.wharton.upenn.edu/documents/WGFA_2012_Family_Governance_Report_July_12_2012.pdf.

［7］ DYER W G, JR SÁNCHEZ M. Current state of family business theory and practice as reflected in family business review 1988—1997 ［J］. Family business review，1998，11（4）：287 – 295.

［8］ YU A, LUMPKIN G T, SORENSON R L, et al. The landscape of family business outcomes：A summary and numerical taxonomy of dependent variables ［J］. Family business review，2012，25（1）：33 – 57.

［9］ 李维安，武立东. 公司治理教程 ［M］. 上海：上海人民出版社，2002.

［10］ 王明琳，陈凌，叶长兵. 中国民营上市公司的家族治理与企业价值 ［J］. 南开管理评论，2010（2）.

［11］ 陈建林. 家族治理与民营企业融资的关系研究 ［M］. 北京：经济科学出版社，

2014.

[12] MOORE J, JUENEMANN T. Good governance is essential for a family and its business [EB/OL]. https://www.familybusinessmagazine.com/good-governance-essential-family-and-its-business-0.

[13] MORRONE M C, ARMSTRONG P M. Family governance: maintaining family connectivity, collaboration, and continuity [EB/OL]. https://www.abbotdowning.com/_asset/q0xhdw/Family-Governance.pdf.

[14] YLVISAKER P N. Family foundations: high risk, high reward [J]. Family business review, 1990, 3 (4): 331-335.

[15] JAFFE D T, LANE S H. Sustaining a family dynasty: key issues facing complex multi-generational business and investment-owning families [J]. Family business review, 2004, 17 (1): 81-98.

[16] GALLO M, KENYON-ROUVINEZ D. The importance of family and business governance [M]//ROUVINEZ D K, WARD J L. Family business: Key issues. New York: Palgrave/Macmillan, 2005: 45-57.

[17] 兰兹伯格 E. 家业永续——家族企业如何成功地完成代际传承 [M]. 北京: 商务印书馆, 2005.

[18] MONTEMERLO D, WARD J L. The family constitution [M]. New York: Palgrave Macmillan, 2011.

[19] 白益民. 三井帝国启示录——探寻微观经济的王者 [M]. 北京: 中国档案出版社, 2006.

[20] 范博宏, 张天健. 家族宪法: 治家传业的根本法 [J]. 新财富, 2011 (10): 90-95.

[21] 赵国瑞. 法国式的家族宪法 [J]. 英才, 2012 (10): 152-153.

[22] 周生春, 陈倩倩. 家族商号传承与治理制度的演变——以胡开文墨业"分产不分业"为例 [J]. 浙江大学学报 (人文社会科学版), 2014 (3): 33-43.

[23] 卡洛克 L, 沃德 J. 家族企业最佳实践——家族和谐与企业成功的双层规划流程 [M]. 北京: 东方出版社, 2012.

[24] 李新春, 朱沆, 陈文婷, 等. 李锦记家族的治理与代际创业 [M]//郑宏泰, 周文港. 家族企业治理: 华人家族企业传承研究. 北京: 东方出版社, 2013.

[25] BENNEDSEN M, NIELSEN K, WOLFENZON D. Evidence from successions in danish firms [EB/OL]. Working paper, 2005. http://pages.stern.nyu.edu/~dwolfenz/FBFF.pdf.

[26] SUARE K C, SANTANA-MARTIN D J. Governance in spanish family business [J]. International Journal of entrepreneurial behaviour & research, 2004, 10 (1/2): 141-163.

[27] BRENES E R, MADRIGAL K, REQUENA B. Corporate governance and family busi-

ness governance [J]. Journal of business research, 2011, 64 (3): 280-285.

[28] MUSTAKALLIO M, AUTIO E, ZAHRA S A. Relational and contractual governance in family firms: effects on strategic decision making [J]. Family business review, 2002, 15 (3): 205-222.

[29] STEIER L. Next-generation entrepreneurs and succession: an exploratory study of modes and means of managing social capital [J]. Family business review, (3): 259-276.

[30] FAHED-SREIH J, DJOUNDOURIAN S. Determinants of longevity and success in Lebanese family businesses: An exploratory study [J]. Family business review, 2006, 19 (3): 225-234.

[31] HUANG G H C, GOVE M. Confucianism and Chinese families: Values and practices in education [J]. International journal of humanieties and social science, 2 (3): 10-14.

[32] HAUSER B R. International family governance: a guide for families and their advisors [M]. Minneapolis: Mesatop Press, 2009.

[33] CHRISMAN J J, CHUA J H, LITZ R. A unified systems perspective of family firm performance: an extension and integration [J]. Journal of business venturing, 2003, 18 (4): 467-472.

[34] COLLI A. Contextualizing performances of family firms: the perspective of business history [J]. Family business review, 2012, 25 (3): 243-257.

[35] OLSON P D, ZUIKER V S, DANES S M, et al. The Impact of the family and the business on family business sustainability [J]. Journal of business venturing, 2003, 18 (5): 639-666.

[36] NEMILENTSEV M. The concept of the good in the context of family entrepreneurship culture entre-pology of Russian family-owned businesses [J]. University of jyväskylä, school of business and economics, No. 377/2013, 2013.

[37] BERRONE P, CRUZ C, GOMEZ-MEJIA L R. Socioemotional wealth in family firms: theoretical dimensions, assessment approaches, and agenda for future research [J]. Family business review, 2012, 25 (3): 258-279.

[38] ZELLWEGER T M, DEHLEN T. Value is in the eye of the owner: affect infusion and socioemotional wealth among family firm owners [J]. Family business review, 2012, 25 (3): 280-297.

[39] ALDRICH H E, CLIFF J E. The pervasive effects of family on entrepreneurship: toward a family embeddedness perspective [J]. Journal of business venturing, 2003, 18: 573-596.

[40] TÀPIES J, MOYA M F. Values and longevity in family business: evidence from a cross cultural analysis [J]. Journal of family business management, 2012, 2 (2): 130-146.

[41] GATRELL J, JENKINS H, TUCKER J. Family values in family business, 2001. // CORBETTA G, MONTEMERLO D. The role of family in family business. 12th Annual FBN World Conference, Rome. Milano: Egea S. P. A. FBN.

[42] HABBERSHON T G, ASTRACHAN J H. Research note perceptions are reality: how family meetings lead to collective action [J]. Family business review, 1997, 10 (1): 37 – 52.

[43] LAMP C E. The positive influence of family governance on the family business system: A multiple case study [D]. Gonzaga University, 2010.

[44] ASTRACHAN J H, KOLENKO T A. A neglected factor explaining family business success: human resource practices [J]. Family business review, 1994, 7 (3): 251 – 262.

[45] 窦军生,李生校,邹家瑛. "家和"真能"万事"兴吗?——基于企业家默会知识代际转移视角的一个实证检验 [J]. 管理世界, 2009 (1): 108 – 120.

[46] BLUMENTRITT T P, KEYT A D, ASTRACHAN J H. Creating an environment for successful nonfamily CEOs: an explanatory study of good principals [J]. Family business review, 2007, 20 (4): 321 – 335.

[47] BERENT-BRAUN M M, UHLANER L M. Family governance practices and teambuilding: paradox of the enterprising family [J]. Small business economics, 2012, 38 (1): 103 – 119.

[48] TOWER C B, GUDMUNDSON D, SCHIERSTEDT S, et al. Do family meetings really matter? Their relationship to planning and performance outcomes in small family businesses [J]. Journal of small business strategy, 2007, 18 (1), 85 – 93.

[49] POZA E J, HANLON S, KISHIDA R. Does the family business interaction factor represent a resource or a cost [J]. Family business review, June 2004, 17 (2): 99 – 118.

[50] SUNDARAMURTHY C. Sustaining trust within family businesses [J]. Family business review, 2008, 21 (1): 89 – 102.

[51] 弗里斯,卡洛克,弗洛伦特-特雷西. 家族企业治理:沙发上的家族企业 [M]. 北京:东方出版社, 2013.

2 中国近代康百万家族的治理与兴衰

2.1 引言

河南巩义康百万是中国历史上纵跨明、清、民国三个时期,富裕十二代,历经400多年辉煌的长寿家族企业。之所以说它是企业,是因为它完全符合"以盈利为目的,运用各种生产要素,向市场提供商品或服务,实行自主经营、自负盈亏、独立核算的社会经济组织"的企业特征。康家从明朝中期开始小本买卖,至康熙、雍正时期利用漕运发家,后来以收购土地兴旺,到清代中期,康家已经"富甲三省、船行六河",两次悬挂"良田千顷"金字招牌,成为中原一大富豪。清末八国联军攻战北京期间,康家为慈禧太后、光绪皇帝修建行宫并向朝廷捐赠白银100万两,被慈禧赐封"康百万"而扬名天下。富过三代已属不易,康百万家族却持续辉煌了十二代,这在中国绝无仅有,究竟奥秘何在?

有学者指出,康家在创业、发家、全盛的历史时期,所处的外部环境稳定、政治清明,为其发展提供了良好的社会条件。其次,全国统一市场开始形成,商业经济更加发达,这为康家赚取利润提供了经济条件(周岩,2014)[1]。不过,仅用外部因素说明的解释力是不够的,因为同时代还有许多其他的商人家族(比如晋商与徽商等),为何独有一个康百万经久不衰?

学者们开始挖掘康氏家族企业的内在成功因素。比如,康荣平等(2012)认为,该家族先是利用家族成员职务便利开始涉足航运业务,在经营航运中了解到货物在产销地之间价格差异,于是逐渐由物流扩展到贸易,在多处设立货栈成为采购商;后来为了在贸易竞争中进一步降低成本,开始在原材料丰富地区建立生产基地,并将之前用于采购的货栈发展成了双向供销并带有赊贷功能的贸易和信用经营网点。康家善于捕捉商业机会,并实现产业链条的扩张,因而成为中国北方经济中的最大经济体[2]。裴蓉等(2012)的研究发现,由栈房制、相公制、柜先制等组成的相公治理模式是支撑康氏家族百年基业的深层根源[3]。胡丝佳(2012)则认为,康氏家族塑造的农、官、商三位一体经营模式有独特之处[4]。与以上学者基于企业因素的观点不同,孙学敏与周修亭(2007)提出,康氏家族的文化传统和良好家风是其400年不衰的秘诀[5]。尽管学者们开始关注家族内部因素，但由于缺乏系统的理论分析工具，相关的研究零碎且不够深入。这为本章的研究提供了切入点。

我们的前提假设是：与外部因素相比，内部因素才是造成企业发展程度差异的根本原因。对于古典家族企业来说，"家族"往往是企业发展的主导力量。因此，本文引入家族治理理论来探讨康百万案例。接下来的内容安排是，第二部分简单介绍康氏家族发展史；第三、四、五部分分别对康氏家族治理的三种机制——家族文化、家法家规、家族治理机构进行梳理和分析，探讨其对康氏商号组织成长的影响及其背后的作用机理；最后是本章的结论与相关讨论。

2.2 康氏家族发展史

根据《康氏家谱》及现存数十通碑刻记载，康家的发展可以分为下列四个时期：

1. 初创期

康氏家谱可以追溯自康守信，明初从山西迁到河南巩县桥西村。发展到第六代时，康家开始涉入仕途。在第六代的14个堂兄弟里，绍光、绍先、绍第、绍裔、绍登、绍敬都获取了功名。康绍敬是其中的杰出代表，他先后在河南洧州（今尉氏县）和山东东昌府（今山东聊城）担任过管理水陆交通与官盐、税务、仓库的官员。独具慧眼的康绍敬从这一职务上看到了巨大的商机，他一面做官，一面利用职务之便组织家族成员把河南的粮、棉、油等物品运销山东，又从山东将盐及海产品运销河南。航运贸易的开辟为康家基业打下了重要基础。

2. 成长期

第十二代康大勇是中兴康氏家族的重要人物。他的突出贡献是，利用康熙皇帝重视漕运等的信息，将康家的经商领域从中原地区扩大到山东南部和江苏扬州等地。康大勇所处时期，经营业务除了贸易之外，更多的是经营土地田产。康大勇的独生子康云则继续开拓，扩大了禹县（今河南禹州市）、栾川（今河南洛阳南部）的药材和木材基地。

3. 盛年期

康家第十四代康应魁时期是昌盛时期。他利用清政府镇压白莲教的机会，与清廷政府官员打好关系，拿下了政府长达10年的军需品（棉花、布匹）订单。他派人在陕西西安府建立栈房经营布行、绸缎等生意，逐渐垄断了陕西布市。他还在当地购置了大量土地种植棉花，开辟了三元、泾阳、富平等棉花基地，将产业链延伸至上游环节，降低了生产布匹的原料成本。这一时期是康氏家族的全盛时期。

4. 衰退期

康家发展至十七代时仍殷实不衰，但在太平天国和捻军起义之后，康家开始由鼎盛转入没落。十七代康建德（鸿猷）在1901年曾利用慈禧、光绪逃难路上经过康店的机会，出钱修造行宫和龙窑，又向政府捐赠白银100万两。后来被慈禧赐予"神州甲富康百万"的金匾。此举使康百万名扬天下，但入不敷出，也为其没落埋下伏笔。进入民国时期，连年战乱以及家族部分纨绔子弟的挥霍，使康家已经到了家道维艰的地步。民国后期，康氏家族陨落。

康百万家族族谱及相应的企业发展分期参见图2-1。

2.3 康氏家族文化

家族系统论的代表人物鲍文（Bowen，1978）认为，家族是一个系统。该系统的整体性不仅仅等于家族成员的总和，更包括成员与成员间的互动。家族成员之间在互动过程中逐步建立起不成文的规则，而这些规则规范了家族成员的权利与义务关系，规定着家族成员应该如何守规矩、与他人交往，以及大家以什么样的方式进行交流等，这便是家族秩序或者规则[6]。这些规则深植于家族文化之中，在维持家族系统内部的平衡上发挥着重要作用。康百万家族能延续十二代400多年，其家族文化发挥了重要作用。康百万家族治家的核心价值观可以通过家训《留余》匾得以体现。

《留余》匾是康百万家族第十五代康道平（号坦园）用来训示家中子弟的家训匾，记录了留耕道人的《四留铭》及其后人对此的感悟。该匾由清同治年间翰林牛瑄题书，现为康百万庄园的镇园之宝。匾文如下：

> 留耕道人《四留铭》云："留有余，不尽之巧以还造化；留有余，不尽之禄以还朝廷；留有余，不尽之财以还百姓；留有余，不尽之福以还子孙。"盖造物忌盈，事太尽，未有不贻后悔者。高景逸所云："临事让人一步，自有余地；临财放宽一分，自有余味。"推之，凡事皆然。坦园老伯以"留余"二字颜其堂，盖取留耕道人之铭，以示其子孙者。为题数语，并取夏峰先生训其诸子之词以括之曰："若辈知昌家之道乎？留余忌

尽而已。"时同治辛未端月朔，愚侄牛瑄敬题①。

"留余"理念的意思是，将自己无限的智慧贡献给社会，将自己用不完的俸禄还给朝廷，将自己没有用尽的财物送给百姓，将自己没有享尽的福留给子孙。孙学敏等（2007）认为，康氏家族文化是实现儒家中庸思想的方法和手段[7]，但我们基于管理学视角的考察却发现，康氏家族"留余"思想的实质是利益相关者理论的原始表达。利益相关者理论由弗里德曼在1984年出版的《战略管理：利益相关者管理的分析方法》一书中提出[8]。利益相关者是指能够影响一个组织目标实现的所有个体和群体。与传统的股东至上主义不同，该理论认为任何一个公司的发展都离不开各利益相关者的投入或参与，企业追求的是利益相关者的整体利益，而不仅仅是股东的利益。因此，企业的经营管理者应该为平衡各方利益相关者的利益来进行管理活动。根据收集到的文献资料，我们将康氏家族企业的利益相关者分为五类（如图2-2所示）：家族成员、政府、社区（乡邻）、雇员、竞争对手。康氏家族在处理以上五种关系时都体现出了"留余"理念，并通过相关行为或制度予以保证。

2.4 康氏家族行为规范

2.4.1 家族内部关系的治理

与同时代的其他商人家族相比，康氏家族内部关系的治理既有共性也有个性。共性是都以儒家思想为根本准则，这也反映了时代特征；而在子女教育和婚姻关系方面的规范则是康百万家族治理的特色之处。

康家非常重视子女教育，康百万庄园中随处可见的匾额、楹联、对子、字画等，就彰显了该家族的信仰和喜好。比如克慎厥猷院的对联"处事无他莫若为善，传家有道还是读书"，以及花楼重辉院的对联"志欲光前惟是读书教子，心存裕后莫如勤俭持家"，都表明了治家理念和对后世子孙的希望寄托。

---

① 匾文中涉及的"留耕道人"是指南宋福州人王伯大（号留耕）。嘉定（1208—1224年）期间进士。曾任刑部尚书，参知政事。后做资政殿学士，建宁知府。王伯大为官时数次被贬，但从未因此消沉。晚年回乡后，建立"留耕堂"，传世的《四留铭》就在此做成。高景逸：明朝无锡人高攀龙之号，字存之，万历（1573—1620年）进士，官至左都御史，后为魏忠贤迫害，投水而死。夏峰先生：孙奇峰之号，明朝河北容城人，万历28年（1600）举人，学识博大高深，晚年移居辉县苏门山下夏峰村，故有"夏峰先生"之称。

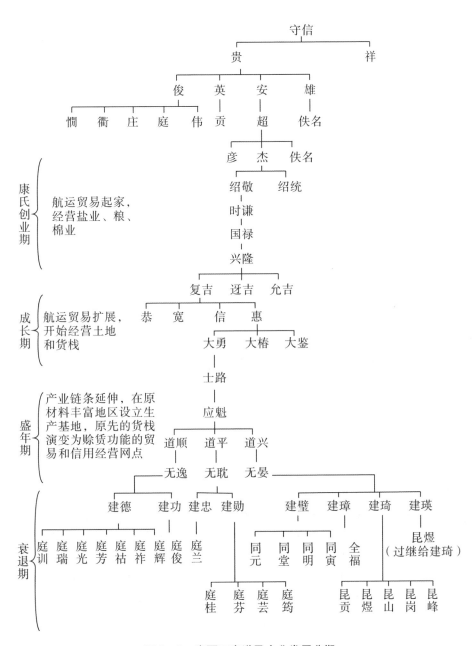

图 2-1 康百万家谱及企业发展分期

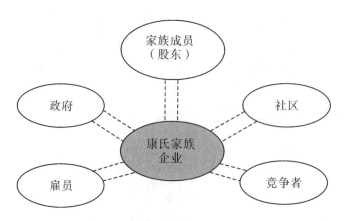

图 2-2　康氏家族企业的利益相关者

他们还在小孩子的厕所内悬挂了"三上成文"的匾额,教育子孙要抓紧一切时间随时随地读书学习①。康家重视子女教育还体现在良师的聘请方面。在康家教过书的先生都是饱学之士,比如著名书香门第出生的张文江、举人孙涵山、举人赵凤鸣以及本村的岁贡生康裕远等人,这些老师的教导熏陶给康家子弟打下了扎实的基础。在当时社会,读书入仕是为四业之首。因此,提供优良的教育资源是康家给子孙"留福"的最好安排。实际上,家族成员入仕之后也会给家族事业提供巨大帮助。比如第十五代康道顺,在山东做官的时候不但管理了家族在山东的生意,而且他培养的一批优秀门生为康家出力不少。

当然,康百万家族的高明之处还在于突破了仕商之间的严格限制,即重视正规教育的同时,对于后代经商技能的培训也非常关注。比如,第十四代康应魁很了解自己3个儿子的志向和能力,对有生意头脑的次子康道平进行了有针对性的培养。他很早就让康道平涉足生意,并亲自担任儿子的"教练",在开发山西棉花市场时就带着儿子学习观摩。在父亲手把手地培训下,康道平逐渐掌握了经商技巧,以及与政府打交道的能力,成为独当一面的优秀接班人。康氏家族在子弟培养制度上注意到了正规知识教育与企业内技能培训之间平衡,为家族企业接班人的能力培养以及企业延续提供了扎实保证。其实,无论是知识教育还是经商技能的培训,都是家族上一代对下一代成员的人力资本投资,这给子孙带来的益处远比物质财富好得多。

---

①　"三上成文"取自于欧阳修《归田录》的"余平生所做文章,多在三上,乃马上、枕上、厕上也"。

在婚姻关系的治理方面，康百万家族的男性后代大多遵循了一夫一妻制度，这与富商巨贾普遍有三妻四妾的做法截然不同①。根据表2-1，在有婚姻记录的47名康氏男性家族成员中，符合一夫一妻制度（包括妻子去世后才续弦的康应魁和康无晏）的人数占到了68.1%。进一步来看，康家从第六代初兴到第十六代达到全盛期，在这期间实际遵循一夫一妻制的男性家族成员的比例高达76.5%；非常巧合的是，从第十七代开始康家由盛转衰，其男性后代有多个妻子的现象也更加普遍，但即便是这样，仅娶一妻的男性成员比例仍有63.3%。在婚姻关系治理中遵循"一夫一妻"的好处有：①降低家族内部发生矛盾和冲突的概率。在一夫多妻制度下，多"房"会形成复杂的家族结构，代表不同"房"利益的后代之间对家族资源的争夺往往引发尖锐矛盾。相反，一夫一妻使婚姻关系简化，相应也减少了家族内部潜在矛盾的发生。②一夫一妻制还能将男性的注意力从找"三妻四妾"转移到父爱投资上，从而能够提高对孩子的投资，减少对儿童的照管不力。从这个角度来看，康氏家族在婚姻关系的处理上也达到了"留福于后代"的效果。

表2-1　康氏男性成员婚姻状况一览

世　系	姓　名	娶　妻	备　注
第六代	康绍敬	3人	景氏、李氏、刘氏
第九代	康兴隆	1人	崔氏
第十代	康复吉	1人	王氏
第十一代	康恭	1人	张氏
第十一代	康宽	2人	马氏、殷氏
第十一代	康信	1人	孟氏
第十一代	康惠	1人	李氏
第十二代	康大勇	2人	张氏、史氏
第十二代	康大椿	1人	张氏
第十二代	康大鉴	2人	赵氏、胡氏
第十四代	康应魁	2人（续弦）	王氏、李氏（续弦）

---

① 实际上，"一夫多妻制"在中国持续了2000多年。到中华民国时，一夫一妻制才以法律的形式固定下来。

续表 2-1

世　系	姓　名	娶　妻	备　注
第十五代	康道顺	1人	马氏
第十五代	康道平	1人	崔氏
第十五代	康道兴	1人	崔氏
第十六代	康无逸	1人	王氏
第十六代	康无耽	1人	白氏
第十六代	康无晏	2人（续弦）	王氏、肖氏（续弦）
第十七代	康建德	3人	郭氏、常氏、訾氏
第十七代	康建功	2人	白氏、李氏
第十七代	康建忠	4人	李氏、李氏、柴氏、谢氏
第十七代	康建勋	1人	张氏
第十七代	康建璧	1人	唐氏
第十七代	康建璋	1人	昝氏
第十七代	康建琦	2人	刘氏、张氏
第十七代	康建瑛	1人	张氏
第十八代	康庭训	1人	王氏
第十八代	康庭瑞	1人	赵氏
第十八代	康庭光	1人	王氏
第十八代	康庭芳	2人	孙氏、孙氏
第十八代	康庭祜	1人	张氏
第十八代	康庭祚	1人	白氏
第十八代	康庭辉	1人	张氏
第十八代	康庭俊	2人	王氏、郭氏
第十八代	康庭兰	1人	王氏
第十八代	康庭桂	2人	王氏、李氏
第十八代	康庭芬	3人	谢氏、王氏、郭氏
第十八代	康庭芸	2人	张氏、黄氏
第十八代	康庭筠	2人	张氏、白氏

续表2-1

世　系	姓　名	娶　妻	备　注
第十八代	康同元	1人	张氏
第十八代	康同堂	1人	张氏
第十八代	康同明	1人	周氏
第十八代	康同寅	1人	岳氏
第十八代	康全福	1人	孟氏
第十八代	康昆贡	2人	孙氏、李氏
第十八代	康昆山	1人	武氏
第十八代	康昆岗	1人	曹氏
第十八代	康昆峰	1人	张氏

资料来源：王振和、李春晓编著. 走进康百万庄园［M］. 北京：学苑出版社，2007，10：106-107[9]。

2.4.2 康家与政府关系的治理

在中国传统社会，政府是企业家族最重要的利益相关者。康氏发家是从担任山东水陆交通官员的第六代康绍敬开始的，他通过航运贸易奠定了家族基业。家族领导深知处理好与政府关系的重要性，这也是"不尽之禄以还朝廷"的留余动机来源。经过多代家族成员的践行，康氏与政府之间形成了以下的互动模式（如图2-3所示）：

图2-3　康氏家族企业与政府的关系模式

1. 多次捐款支援地方政府抗洪救灾

1843年发生特大洪水，政府抗洪经费严重不足，第十四代康应魁了解到情况后捐银万两。当时的山东、河南河道总监兼兵部侍郎副都御史钟祥赠匾"涛平庶安"①。1845—1846年河南巩县旱灾、洪灾肆掠，饥荒严重，康应魁

---

① 康应魁《墓志铭》。

召集康姓各门族长及富户成立了专门的救灾会。康店的救灾工作开展得很好，到年底未发生饿死人事件。为此，当地知府亲赐"义赒仁里"的匾额。后来掌管河道官吏向皇帝呈报详情，奉旨加康应魁为直隶州分州衔；恩准其长子康道顺为山东候补知县；又命次子道平任都阃府职；三子道兴入郡太守。1888—1889年，山东发生持续的水旱灾害，第十七代康建璧响应皇帝号召捐巨资赈济灾民，把康家在山东的产业收入大量贡献出来，被政府授予户部主事，钦加知府衔，并赠匾"德泽齐鲁"。1913年严重旱灾导致颗粒无收，第十七代康建德出头联系康建勋、建琦、建璧等人设立粥场。巩县县知事"学旨美以'情深施济'额其门纪实之"。康氏家族通过救灾对地方政府的间接捐赠，发挥了为政府分忧解难的作用，在此过程中与地方政府建立起良好的关系，不但使康氏家族成员获得相应的荣誉官职，更为重要的是，康氏家族逐渐被地方政府所倚重，成为政府官员的保护对象。康氏与政府之间的良好互动，促成了家族企业在泾阳棉花市场的垄断地位，进而拿下清政府军队10年的棉花和棉布供给，这个巨额订单给康家带来了丰硕的利润。

2. 直接对中央政府进行捐赠

1900年八国联军攻打北京，慈禧太后和光绪皇帝逃至西安。第二年两宫在回北京的时候路经巩县，第十七代康鸿猷筹调巨资修御道，建行宫，并向朝廷捐银100万两，获慈禧赐封"康百万"的金匾。这使康氏家族的声誉和社会地位陡增。

对政府进行直接或间接的捐赠是康氏企业家族"留余"理念的重要体现，当然，这也是特定制度背景下的无奈之举。由于当时家族企业所处的外部环境缺乏对私有产权的保护，而清政府随意干预企业，因此，清政府就会成企业家重要的捐赠对象。

2.4.3 康家与社区关系的治理

如果说康家在处理与政府的关系上存在交易互惠捐赠，那么他们在处理与社区乡邻的关系上更多的是慈善行为。Cennamo等人（2012）指出，家族所持有的信仰、价值观被转化成企业应该如何对待利益相关者和社会的理念，这一特征将促使家族企业在做重大决策时考虑别人的利益，实施并非互惠的慈善捐赠等善举[10]。康家在社区所做的善事可以分为两类：

1. 济贫救困

康应魁焚烧债券是典型例子。在他75岁大寿时，让各栈房把多年难以讨回的契约和孤寡老人、残疾人的借债契约集中起来焚烧，免去了康店和其他村几百户的债务，获得乡邻尊敬。第十六代康无逸曾数次举办赈灾等社会公益活动。在1878年传染病流行期间，还让各药铺为民众积极配方施药，被授予"义重桑梓"匾。第十七代康建勋经常为乡邻医治疾病，对于贫穷的病人药钱全免，获当时民政厅厅长张钫根亲书"情深施济"匾额表彰；病人家属为感谢他，共同兑钱请人撰写匾额"受人以惠"①。第十八代传人康庭煜在乡中敬老恤贫，每逢族内或是亲戚朋友发生急难之事，他总是挺身而出，甚至不惜贷款帮人解决困难，导致自己债台高筑。

2. 便民利民

除了直接对社区民众施以援手之外，康家还通过修桥、设立义塾等举措便民利民。比如，康应魁看到当时连接东京和洛阳、长安的宋故道上的石桥损毁，乡邻行走不便，特请人设计建成可以并排走过两辆铁轮车的大桥，为百姓提供了方便，获民众"乐善好施存古道，恩泽毗邻系所思"的颂联。第十八代康建德、康建功在父亲康无逸的建议下，于1892年捐地50亩建立康店义塾。在他们两人的影响下，康氏宗义各门族长主张康店各庙产和这50亩地结合在一起，成立学董会，共同把康店义塾办好，解决了康店各姓子弟的入学问题②。

康家在社区的慈善行为客观上也让康家受益。他们的善举不但减轻了乡邻民众的仇富心理，而且因切实解决民众的困难而深入民心。康家在收获名声的同时，也营造了和谐的邻里环境。这在社会不安定时期发挥了极其重要的作用。比如，1861年安徽捻军攻克巩县并占领康家南边的黑石关，打算洗劫康百万庄园。在危急关头，附近乡民、村里士绅与康家自卫队联合起来共同抵抗，最后使捻军知难而退，康百万庄园才躲过一劫。可见，康氏家族在治理与社区关系时遵循的"留余"理念，在客观上也起到了保全家族财富，促进家族企业经营的正面效应。

在查阅康百万家族的资料时，我们发现了多处父辈带着子辈一起做慈善的事例，这是培育下一代财富责任的重要途径。慈善事业使家族价值观能够以具体的形式延续到下一代，家族成员通过参与慈善活动领悟财富的意义，并对父辈从事的慈善事业感到无比自豪，进而加强对家族的认同感。已有的研究发现，慈善事业已经从一项家族企业主的追求上升为家族文化不可或缺的一部分。瑞银集团（UBS）与欧洲工商管理学院（INSEAD）对200多个家族企业进行调研，发现亚洲家族参与慈善事业最主要的原因在于确保家族价值观的持续性和家族传承。康氏家族无疑也采用了该种方式延续其家族价值观。

---

① 《德荫广被》碑。
② 《巩县志》。

2.4.4 康家与员工关系的治理

康氏家族的"留余"理念也在他们的企业有所渗透,这体现在处理与员工的关系上。康氏家族能够善待员工,通过经济薪酬与非经济薪酬激励员工,在员工与企业之间建立起心理契约。心理契约包括两种:一种是交易型的心理契约,即雇主给员工布置详细的任务并支付短期报酬;另一种是关系型的心理契约,即雇主给员工布置的任务不明确但提供长期报酬。在资料整理的过程中,我们发现:康氏家族与员工的心理契约既有基于交易型的,也有关系型的。这可以通过康氏家族企业采用的相公管理制度(如图 2-4 所示)得以反映。

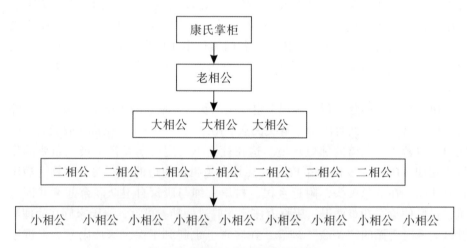

图 2-4 康百万相公制的组织构架

在康氏商号的相公管理制度中,相公的级别由高到低依次是老相公、大相公、二相公、小相公。老相公对康氏家族的掌柜负责,直接下属是大相公,相当于康氏家族企业的大总管。大相公向上对老相公负责,管理范围通常按照区域划分,相当于区域总管。二相公是各个栈房的负责人,相当于现代公司的分支机构或部门的经理。小相公是相公制的最低一级,类似于今天的关键业务人员或重要勤杂人员。尽管康氏商号的账本等在"文化大革命"期间被烧毁殆尽,雇员薪酬的确切数据难以获得,但裴蓉等(2012)通过实地采访获知,大相公的薪酬在家族企业经营的后期分为工资和奖金两个部分,平时工资大致有 40 银元。年终奖金以红包形式发放,既与所辖区域的业绩有关,也与康氏商号的整体业绩有关。笔者查阅了相关资料发现:20

世纪 20 年代，底层劳动者（如木工，泥瓦匠，人力车夫，男女仆人）的月收入为 12～16 银元，一般的公司职员和教师的月薪约为 20 银元，40 银元的收入水平基本达到拥有高学历或有专长的管理者薪资起点。此外，康氏企业还会根据绩效对大相公进行分红。由此可见，康氏企业实施的是利益分享模式的薪酬制度，易于与员工建立起交易型的心理契约，从而提高员工的工作满意度，实现员工对组织的强烈归属感和对工作的高度投入。另外，对于人品好、业绩好、服务年限长久的大相公，最终可能升为老相公。老相公享有最优厚的报酬，报酬数额通常由康家掌柜直接拨付。康家还承诺，对于年事已高的老相公，可以留在康家直至终老。这种由康家来对有贡献员工进行养老送终的做法，易于在企业与员工之间建立起关系型心理契约，确保了员工的安全感和归属感。

2.4.5　康家与竞争者关系的治理

康氏家族在处理竞争对手的关系上也遵循了"留余"理念，即使打败了竞争对手也不赶尽杀绝，为对方留有余地的做法让竞争者心服口服。康应魁在陕西泾阳的商战就是最好的案例。陕西泾阳是当时中国西北的布匹交易中心，山西、安徽、河南以及陕西本地的商人都想争做龙头老大，导致竞争异常激烈。康家最初进军泾阳时，受到徽商王有亭和晋商江云海的排挤，经过几番价格战后，康应魁战胜了王有亭和江云海，最终控制了泾阳的棉花市场。但他并没有赶尽杀绝，反而以更高的价格收购了王家的生意。王有亭的儿子王天祥感谢康家的大度和君子作风，后来成了康应魁的干儿子，为康家奠定西北的老大地位立下了大功。可见，"留余"理念的实践让康氏家族化敌为友，不但减少了被竞争对手恶性报复的可能性，而且还获得了竞争者的资源扶持，为家族事业的进一步拓展贡献了力量。

2.5　康氏家族祠堂

在传统社会，中国的家族治理机构主要是家族祠堂和宗族会议。家族祠堂是以族长为首的家族管理机构。族长是全族的统治者，在他之下有各房房长和家长，以及协助他的事务执掌人员（毛少君，1992）[11]。显然，这是一种强调等级和传统权威的治理机构，与倡导平等沟通的现代西方的家族治理机构有很大不同。

陈瑞（2007）梳理了明清时期宗族祠堂的主要功能：①通过祭祀活动和祭祀仪式等集体活动，增强宗族凝聚力；②通过祠堂对宗族成员进行祖训教育和家法宣传，强化家族文化，实现宗族内部控制；③通过祠堂执法对违反族规家法的族员进行惩罚，以儆效尤；④调解宗（家）族内部纠纷，举行优老礼贤、劝学赈济等活动[12]。与现代西方的家族治理机构不同的是，中国传统社会的家族祠堂除了凝聚家族力量、调节家族矛盾的基本功能之外，还具有执行家法家规的特殊功能。苏洁（2013）列举了家族祠堂对违背家法行为的五种主要惩戒措施：一是警戒类的惩罚，这是所有惩戒措施中力度最轻的方式，通常有长辈斥责、祭祖请罪等形式；二是羞辱类，这一类最典型的就是族众共攻、辱名；三是财产资格类，即对违反者进行财产或者族内资格的剥夺；四是体罚类，主要有罚跪、掌嘴、杖责等；五是生命类，这是最为严重的惩罚手段，主要的方式有活埋、沉塘、沉潭、迫其自缢等[13]。这些处罚手段作为实现家族自我管理的行为规范，在传统中国与国家法律是一种包容与互补关系，因此，家族祠堂执行家法族规的过程通常是国家政权所默认的。另外，由于有着传统权威的巨大力量作为保证，在某种程度上，家族祠堂执行家法族规比国家法律更为深入有效（刘广安，1988）[14]。

在资料整理的过程中，我们发现，康氏对违反族规家法的家族成员进行惩罚的力度很大且非常严格，惩罚第十七代康建瑛就是典型事例。康建瑛是第十六代康无晏最小的儿子。他在参加科举考试时夜宿妓院，违背了"禁止嫖赌"的家规，在康家祠堂里被责打。但他并未悔改，又染上烟毒，甚至通过盗窃来换取所需的大烟。因为其屡教不改，当时的一家之主大哥康建壁在动用家法时失手处死了建瑛。后来康建壁去县衙投案自首蹲了大狱，刑满释放后改姓唐，因为不想让康氏家族的声誉因为自己入狱受到不良影响。这种有错必惩的家法执行制度对于家法族规的维护与落实起到了重要作用，成为约束家族成员行为的有效手段。

2.6 结论与讨论

康百万家族是中国历史上家族治理的典范，这也是促成其延续400多年的关键因素。本文从家族视角出发，分别对康氏家族文化、家族行为规范以及家族治理机构三个方面予以介绍，并分析了它们对家族财富的保全、企业延续和成长的影响。本文的贡献包括下列三方面。

首先，传统社会中国家族治理模式有三个主要特点：①以非正式治理机制（家族传统文化）作为家族治理体系的核心。②家族文化会驱动和影响家法族规的建立。尽管当时的家法族规并非正式的法律契约，但有强大的传统权威保障和政府默许，成为实现家族文化的有效途径之一。③家族祠堂和会议是家法族规的执行机构，也是通过训诫与奖惩相结合的方式实现家族文化的另一条有效途径。康百万案例的典型性在于，康氏家族治理体系比较完善，其"留余"理念通过家族行为规范得以实践，并依靠家族祠堂作为严格执行机构得以宣传落实。三者是互补的有机整体，缺一不可（如图2-5所示）。尽管时代在变化，但康氏家族治理结构的合理性仍值得当前的家族企业主思考借鉴。

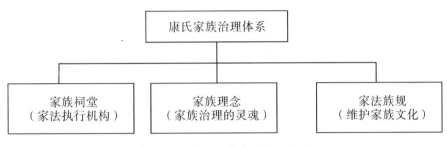

图2-5 康百万的家族治理体系

其次，康氏家族"留余"理念的精神内核非常类似于西方20世纪80年代提出的"利益相关者"理论。在利益相关者的分析框架下，企业必须要了解并满足关键利益相关者的需要，这是企业盈利也是长期保持竞争力的保证。康氏家族企业在经营过程中，无论是对家族内部关系的治理，还是对家族与外部利益相关者（包括政府、社区、员工和竞争者）的关系治理，都遵循了"留余"的理念，从而在家族内部以及企业内外都营造了和谐的环境。和谐思想是中国传统文化的精髓，而康氏家族企业的文化则具备了中国传统文化的基本特征，这也是康氏家族企业长寿的秘诀。实际上，有着类似文化基因的家族企业都获得极大的成功。比如日本一家至今（2016年）有117年经营历史的百年老铺家族企业三得利公司①，其长寿的密码就在于"利益三分主义"。这是创业者鸟井信治郎制定的一条原则。"三分主义"中第一分用于公司的再投资和发展，实际上其目的也是从长远的角度为了让公司能够更好地更多地为社会做贡献；第二分用于向包括企业员工和零售商在内的合作伙伴提供优惠和好处，其目的是为了让公司间接地更加全面地为社会做贡献；第三分明确规定要用于对社会做贡献，因为企业是社会的公器，企业所获得的利润，归根结底还是来自于社会，因此最终也需要用于社会

---

① 三得利公司创立于1921年，其前身是鸟井信治郎在1899年创办的鸟井商店。1921年初创立时名为寿屋，1967年正式更名为三得利。一直以来，该公司主要以威士忌、啤酒等酒精饮料为主要业务。

（窦少杰，2015）[15]。还有泰籍华人创办的知名跨国企业正大集团，该企业于1921年创办至今（2016年）也有95年历史。他们本着"利国、利民、利企业"的原则稳步发展，从一家经营种子的小企业发展到建立"从农场到餐桌"完整的"一条龙"产业链，在为消费者提供安全、营养、健康的食品的同时，还积极参与当地社会主义新农村建设，以"公司加农户"模式和"四位一体"模式，帮助农民致富[16]。在以上价值观的引领下，正大集团的成本不断降低，市场占有率也有提升。由此可见，考虑了利益相关者的"留余"理念的成功并非个案，而有着极大的推广价值。最近，挖掘"好"的家族文化元素成为家族企业研究的发展方向之一（Nemilentsev，2013）[17]。康百万的案例及其所秉承的家族文化可以为这方面的研究提供成功样本。

最后，从康氏家族的发展史来看，在民国后期康家衰落的原因中，战乱等外部动荡环境的影响难辞其咎，但家族内部的因素也不可忽略。据资料显示，民国后期，康氏家族有些纨绔子弟整日花天酒地，赌博、吸鸦片，将家业挥霍殆尽。这说明，随着家族的繁衍，康氏家族分支越来越多，家族结构变得复杂，这导致家族治理的难度也日益增大。家族的共同价值观弱化，难以对家族成员的行为进行有效规范和约束。因此，合理家族治理体系应该随着家族的生命周期（即家族动态）相应发生变化。如果家族治理结构不能相应进行调整的话，其治理效率就会逐步下降。也就是说，任何一个家族的治理体系设计都不可能一蹴而就。这也是相关研究具有挑战性的地方。

参考文献

［1］周岩．明清河南巩义康百万家族盛衰研究［D］．延安：延安大学，2014.

［2］康荣平，武欣欣，裴蓉．初探中国历史上大型家族企业兴衰的成因——豫西康百万企业纪考［Z］．第六届（2012）创业与家族企业成长研讨会优秀论文．

［3］裴蓉，武欣欣，康荣平．一种独特的相公治理模式：中国康氏家族企业案例研究［Z］．第六届（2012）创业与家族企业成长研讨会优秀论文．

［4］胡丝佳．清代豫商康百万［D］．郑州：郑州大学，2012.

［5］孙学敏，周修亭．康百万庄园兴盛四百年的奥秘［M］．郑州：河南人民出版社，2007.

［6］BOWEN M. Family therapy in clinical practice［M］. New York: Aronson, 1978.

［7］同［5］．

［8］弗里曼．战略管理：利益相关者方法［M］．王彦华，梁豪，译．上海：上海译文出版社，2006.

［9］王振和，李春晓．走进康百万庄园［M］．北京：学苑出版社，2007.

[10] CENNAMO C, BERRONE P, CRUZ C, et al. Socioemotional wealth and proactive stakeholder engagement: Why family-controlled firms care more about their stakeholders [J]. Entrepreneurship theory and practice, 2012 (36): 1153-1173.

[11] 毛少君. 中国宗族制度的历史沿革及其重要内容 [J]. 浙江社会科学, 1992 (4): 28-32.

[12] 陈瑞. 明清时期徽州宗族祠堂的控制功能 [J]. 中国社会经济史研究, 2007 (1): 54-63.

[13] 苏洁. 宋代家法族规与基层社会治理 [J]. 现代法学, 2013, 35 (3): 56-64.

[14] 刘广安. 论明清的家法族规 [J]. 中国法学, 1988 (1): 103-111.

[15] 窦少杰. 三得利的长寿密码: 利益三分主义 [J]. 家族企业, 2015.

[16] 正大集团官网: http://www.cpgroup.cn/.

[17] Mikhail Nemilentsev. Building Value-Based family enterprise culture: A family perspective [EB/OL]. http://jyx.jyu.fi/bitstream/handle/123456789/41894/1/978-951-39-5266-2_vaitos 02082013. pdf.

3　新加坡国际元立集团案例研究

第二章介绍了康百万的家族治理体系，呈现了中国近代的商人家族如何调整家族内部关系以及家族与外部之间的关系。我们发现：康氏家族的文化价值观非常有借鉴价值，在家族治理体系中发挥了关键性作用；而家法家规以及家族治理机构则有着当时社会制度的深刻印迹。这引发了我们接下来的思考，即当今华人社会的企业家族治理是如何影响家族与企业的成长？2013年，笔者与合作者杨学儒等人专门对中国香港李锦记和利丰集团的家族治理进行过比较研究，揭示了家族治理在家族企业跨代发展过程中的重要性。该文以《治理家族与家业长青——香港华人家族企业的比较案例研究》为题，发表在《广东外语外贸大学学报》2013年第1期上。李锦记集团李氏家族的治理设计非常典型，但由于所处的社会背景是中西文化交融的中国香港地区，其家族治理设计在一定程度上具有西方企业家族的治理特色。同时，中国内地的家族企业还比较年轻，有着成熟家族治理体系的企业家族寥寥无几。因此，根植于华人文化背景下的现代企业家族治理仍值得深入研究。

新加坡国际元立集团为研究华人企业家族的治理模式提供了一个很好的案例。其理由是：①根据现有研究，家族治理机制主要在企业年限超过30年且至少经历过一次代际传承的家族企业中运用（Fahed-Sreih和Djoundourian，2006）[1]。新加坡国际元立集团至今有近80年的历史，已经成功传承了两代，目前正处于向第三代交班的过程。②国际元立集团背后的陈氏家族是来自于中国潮汕地区的移民家族，家族文化中保留了大量中华文化的元素，该家族已经探索出一套极富文化特色且比较完善的治理体系。③国际元立集团近年大力推动华人家族企业发展，对家族和企业发展经历抱有开放的分享态度，为我们提供了难得的研究调研机会，相关资料可客观、全面地获取。

新加坡国际元立集团是一家未上市家族企业，但近年来积极推动华人家族企业发展，多次邀请笔者所在的陈凌教授研究团队赴新加坡的陈家庄及其在中国上海的太阳岛参观访问。2015年11月，笔者也参加了集团在新加坡举办的第六届泰生论坛，并与陈氏家族的第二代（陈逢坤先生、陈逢秋先生）、第三代3名核心家庭成员（陈永绍先生、陈秀虹女士、陈秀慧女士）、集团农业总监林宗贤教授、家族企业文化总监李永乐博士、国际元立集团创办的泰生策略研究院首席执行长蔡志礼教授等人有过交流和访谈，较为全面、客观地掌握了该企业家族的一手资料。此外，已经有两部得到企业官方和陈氏家族认可的专著出版——《世纪陈家庄——从养猪户到营收百亿的企业家族传奇》《国际元立集团"企业家族"信念之探讨》[2,3]，这些资料具有较高的信度。因此，对于国际元立集团及陈氏家族的研究，我们采用了一手资料和二手资料相结合的方法，并以三角测量的方式确保资料的可信度[4]。

3.1 国际元立集团成长过程概述

新加坡国际元立集团是由来自中国潮汕的移民家族创立的家族企业。企业集团的前身是陈亚财先生1939年创立的"陈财发农场"，当时的主营业务是养猪，目前，已经发展成为包括农业、超市、高尔夫俱乐部、度假温泉酒店、国际学校、地产开发组成的业务多元化、营收百亿的跨国企业集团[5]。企业背后的陈氏家族繁衍已经发展到200多人，其中80多人仍生活在樟宜的陈家庄庄园，同居共财，是当今非常罕见却又令人羡慕的超级大家庭。接下来，我们将分三个阶段来介绍国际元立集团的发展历程。

（1）1939年—1979年：一代陈亚财的创业历程

创始人陈亚财，原籍广东省汕头陈厝村。早年因生活所迫跟随父亲陈炎遗离开祖籍，赴新加坡芽笼定居，以租地种菜为生。陈炎遗47岁去世，作为长子的陈亚财承担起了父亲养家的责任。为增加菜园的产量，萌发用养猪所产生的猪粪改善土壤的想法。1939年，他创立"陈财发农场"，正式对外营业。

陈亚财带领全家人经营农场的过程中遭遇到了很多磨难。先是1942—1945年日军入侵新加坡的战乱，后来是在新加坡工业化的紧逼下不得不经历多次整体搬迁①。在此过程中，三弟陈财有觉得养猪的风险太大，坚持搬离陈家庄种菜；而陈亚财和二弟陈财来两家人始终住在同一个屋檐下，同居共财。在陈亚财的领导下，1977年，家族农场的养猪规模达到6000多头，成为临近地区数一数二的大农场。1979年，陈亚财决定让刚刚大学毕业的幺子陈逢坤接班，并逐步淡出家族农场经营。

（2）1979年—2007年：二代陈逢坤的创业历程

陈逢坤是第一代大家长陈亚财老先生的第10个儿子。1979年，他从台湾大学畜牧系毕业。学成回到新加坡后，便通过所学知识引进现代化的生产管理技术，对家族农场进行改造。在他的领导下，家族农场的养猪规模在1982年

---

① 1965年新加坡政府宣布征用芽笼大片土地发展工业，1966年陈家庄搬迁到红沙厘。1977年，新加坡政府再次征用红沙厘土地，陈家庄搬迁到榜鹅。

达到 5 万头，成为新加坡当之无愧的"猪王"。1984 年年初，新加坡政府以保护环境为由，突然宣布淘汰养猪业。陈逢坤却以此为契机，探索到了事业转型的突破口。他先是和新加坡五大百货集团超市合作开设猪肉摊，从原先的生猪批发扩充到了屠宰和零售环节，延伸了产业链条，赚取了更多利润。在积累了一定的零售业知识之后，陈逢坤决定转型。1984 年年底，他开始尝试自营小型超市，并于 1985 年新增 4 家连锁经营超市，规模效益逐渐发挥出来。陈逢坤卓越的管理才能获得了家族上下的一致认可，1986 年，陈家庄举行第二代接班人投票会议，陈逢坤正式当选为家族企业董事会主席。同年创立百美贸易有限公司和元立投资有限公司。

1987 年，考虑到超市行业的竞争异常激烈，经过多方考察与研究，陈逢坤决定北上马来西亚买地开垦种植兰花。经过 5 年的时间，成功开辟了全球第二大的热带兰花园。然而，随后的几年由于马来西亚劳工紧缺、政府又限制外籍劳工输入，加上国际市场竞争激烈等因素，陈逢坤开始将集团的发展重点转向改革开放的中国内地。1992 年，陈逢坤前往中国内地的上海寻找商机。1993 年买下上海青浦的太阳岛，开始了高尔夫综合度假村的开发事业。从 1998 年设立上海元立房地产发展有限公司至今，集团还在南京、扬州、苏州、昆山等地开发了 5 个高尔夫球场，以及昆山、上海的高尔夫别墅、南京百美山庄等地产项目。到 2007 年，陈氏家族企业已经成功完成现代转型，从原先的家族农场转变为经营超市、高尔夫俱乐部、度假温泉酒店、国际学校、地产开发的多元化企业集团[①]。

（3）2007 年至今：二三代共同携手开拓阶段

2007 年，陈逢坤遭遇严重的健康危机，这让他开始考虑企业的良性循环以及家族的代际传承问题。当时，食品卫生与安全已是世界各国关注的问题，而陈家庄有着丰富的农业生产经验，为此，他邀请专家对 1996 年在上海崇明岛设立的中新农场进行重新规划设计，将家族事业版图扩展至生态农业、餐饮与养生等（如图 3-1 所示）。

与此同时，他加快了第三代接班团队的培养。目前，接班团队中 2 名家族成员——陈逢坤的侄女陈秀莊（48 岁，百美超市总经理）及侄子陈永兴（47 岁，超市中央配送部高级经理）已经是集团最高决策层骨干。接班团队的其

---

① 1996 年，为了给 2 位女儿以及在上海工作、生活的新加坡同胞们的子女提供完善的新加坡教育，陈逢坤在上海青浦区太阳岛独资创办了上海新加坡国际学校（2017 年更名为上海新加坡外籍人员子女学校）。经过 20 年的发展，学校的规模已经逐步扩大，并成为中国内地第一家获取开设国际文凭组织的职业相关课程（IBCP）资格的学校。

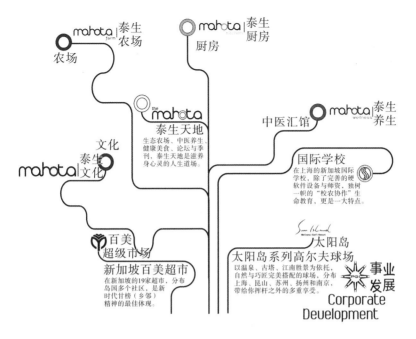

图 3-1 国际元立集团的事业发展构成

资料来源：国际元立集团官网 http://www.primeco.asia/。

他核心成员还包括陈永绍、陈秀慧、陈秀虹、陈盈盈、陈秀玲，以及第四代的陈章豪。前三位是陈逢坤自己的子女。长子陈永绍硕士毕业于伦敦经济学院，2010 年在英国完成学业后进入集团工作。他协助父亲成功创办了泰生厨房（其中 85% 的食材都来自集团设在崇明岛的泰生农场），延伸了集团的业务链条。目前他担任的职务是总裁助理，主要负责集团的设计总策划以及泰生天地、中医汇和上海新加坡国际学校[6]。长女陈秀慧毕业于美国普渡大学，专业是酒店管理，目前为上海太阳岛负责营运的副总；幼女陈秀虹在新加坡国立大学毕业，目前在集团总部商务销售部担任副总监。除此之外，陈盈盈是五哥陈逢华的女儿，目前在上海国际学校担任校董助理；陈秀玲是六哥陈逢存的孩子，目前在上海太阳岛养生研究员担任常务副总职务。由此可见，接班团队成员之间已经形成协作分工关系，在不同领域为集团的永续发展打拼。

综上所述，国际元立集团的发展历程和陈氏家族的生命周期如图 3-2 所示。接下来，我们将重点介绍陈氏家族治理是如何随着家族动态的变化而设计的。

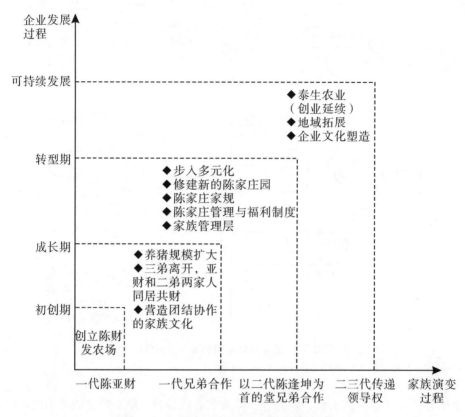

图 3-2　国际元立集团及陈氏家族的发展历程

3.2　陈氏家族治理制度设计

3.2.1　非正式治理机制的建立

家族传统与文化价值观是非正式治理机制。第一代家族领导人陈亚财老先生对家族文化的形成发挥了重要作用。他深受中国传统文化的影响，加上又来自宗族文化盛行的潮汕地区，因此，维护家团结成为他的核心价值观。陈亚财的父亲早逝，他在 23 岁时就开始挑起整个家庭重担。当时他的大儿子陈逢扬刚出生不久，维持自己的小家庭尚且不易，同时还要抚养尚未成年的 3 个弟弟妹妹（当时陈亚财最大的弟弟陈财来年仅 10 岁，最小的妹妹陈素娥才 4 岁）。此时的陈氏家族结构是直系家庭，即是由父母和已婚子女及其未婚子女所组成的家庭。

为了养活一大家子人,他创立陈财发农场开始了养猪事业。在全家人的同心协力下,农场初具规模。1966 年,因与三弟财有在养猪与种菜的经济效益上意见不同,陈财有执意分家并搬离陈家庄,但陈亚财和陈财来两家人始终住在同一个屋檐下,坚持不分家。到 1980 年时,陈家庄的人口规模已经达到 70 多人,包括第一代的陈亚财夫妇与陈财来夫妇,第二代(陈亚财夫妇生育的 10 个儿子及其配偶、陈财来夫妇生育的 2 个儿子及其配偶)以及大部分第三代家庭成员①。该阶段家庭结构的类型转变为扩展家庭,即由有共同血缘关系的父母和已婚子女,或已婚兄弟姐妹的多个核心家庭组成的家庭模式(如图 3-3 所示)。

为了维护这个超级大家庭的和睦,大家长陈亚财和夫人经常是以身作则、言传身教。家族成员在接受采访时曾披露过:"身为长兄的亚财生性十分勤劳,碰上雨天大家都会暂停干活,但只要天一放晴,他一定第一个拿起锄头,每样事都亲力亲为,但不多说话。"陈亚财严于律己、克勤克俭的品质对家人的行为形成了一种天然的影响力。作为第一代家长夫人的朱如貌在这个大家庭中发挥的作用也不容小觑。大家庭一起共同生活需要相互谦让,她经常身体力行,还不断教育孩子必须学习包容礼让的精神。比如,当自己的孩子与二弟家的孩子发生争吵时,她都是先责罚自己的小孩。第一代大家长夫妇在日常生活细节之处的表率对家族成员的行为产生了潜移默化的影响。此外,他们还通过一些非正式制度安排在家族内部形成互助互爱的氛围。比如,在照顾下一代问题上,有的媳妇白天必须在农场工作,看顾年幼子女的任务就得交由其他的媳妇代劳。通过"小家有事大家帮忙"的制度安排,"小家"之间的社会交往增多,家族成员之间的情感联系会愈加稳固。在这个过程中,陈氏家族逐步形成了团结和睦的文化氛围。

3.2.2 正式治理机制的构建

随着部分第三代成员陆续结婚生子,陈氏家族规模进一步扩大,家族结构也更加复杂。仅靠家族传统与文化并不能确保家族的永续发展,为了实现家族真正的长治久安,家族第二代领导人开始构建正式治理机制——家族治理机构与家法家规,具体做法如下:

(1) 买地兴建陈家庄现代庄园

为了改善家族成员的居住条件,陈逢坤于 1990 年在新加坡樟宜兴建陈家庄现代庄园,成功地设计了一套维系"家和"信念的内部"结构"。这座庄园

---

① 1980 年有几位第三代家族成员尚未出生,比如陈逢坤的 3 个子女、陈逢存的小儿子陈永锭、陈逢家的小儿子陈永忠、陈逢秋的子女等都是 1980 年之后出生的。

家族治理与民营企业成长：理论与案例研究

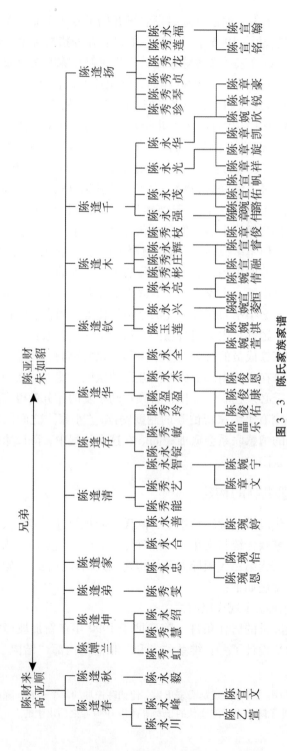

图 3-3 陈氏家族家谱

资料来源：李永乐. 世纪陈家庄——从养猪户到营收百亿的企业家族传奇. 2012, 356-357.

建筑面积约为 2500 平方米，共有 3 层。其特殊之处在于，建筑物内共有 32 间房，每间房的空间都一样，都没有独立卫浴设备，因此也就没有主卧室与普通卧室之分，这确保了家族成员之间的公平感。此外，还设有家族成员共同使用的 10 间浴室、8 间厕所、2 个大厅、1 间大厨房、1 间图书阅览室兼公妈厅。陈家所有小孩都被要求在图书阅览室做功课，同学来访也只能在这个空间进行交流，不可带进自家所属的房间。

根据沟通的相关理论，空间距离是影响人际交往的重要因素。人员在空间的距离越接近，越容易形成彼此间的亲密关系。陈家庄现代庄园的建筑结构有意地增设了公共空间的占比，其用意是通过空间距离的缩短来增加家族成员之间的交往频率。因为有频繁的交往才能形成共同的语言、共同的态度、共同的兴趣和共同的经验。在陈家庄长大的孩子，因为从小生活在大家庭，比较容易体会与家人之间的伦理关系和角色的互动，形成一种"良性的群体意识"。有了共同生活在一起的生活经历，堂兄弟姐妹在后来的职场共事时，也较容易组成彼此信任、高效的团队。可以说，陈家庄庄园既是家族居所，更是凝聚家族力量的精神家园。不过，如此多的家族成员生活在一起难免会有小摩擦，因此，陈逢坤从改良陈家庄的厨务开始，逐渐制定了一整套的家法家规制度。

（2）制定陈家庄家规与家法

陈家庄有 10 条家规（见表 3-1）。家规中"尊敬长辈，爱护晚辈"是对非正式治理机制——家族价值观的具体阐述。其余规则包括 6 条家族成员必须遵循的行为规范，以及出现冲突时的 3 种解决方法。对于违反家规者的处罚手段有：①规劝；②责骂；③减薪、停薪或调换工作；④根据企业的制度处理。陈家庄的家规反映出儒家文化强调传统权威（长辈）、主张通过忍让规避冲突等基本特色。

表 3-1 陈家庄家规

1	孩子间发生争吵，各自父母带开孩子回房间劝导教育
2	成人间不准吵架，有意见不合通过沟通协调解决争执
3	兄弟间不批评对方妻子和孩子，有问题通过长辈协调
4	吃饭时不可随意批评
5	严禁聚集谈论他人是非
6	尊敬长辈，爱护晚辈
7	不乱丢垃圾，不乱涂鸦，不破坏公物

续表 3-1

8	当晚归或不回家时，一定要通知父母
9	年轻人禁止带异性朋友回家过夜
10	接受工作指派

家族管理与福利制度。陈逢坤在完成对家族企业的现代改造之后，专门制定了一套《陈家庄管理与福利制度》，实现了家族的制度化管理。这套制度涉及以下三个主要方面的内容：

● 家族成员的福利制度。涵盖了陈家庄家族成员结婚、生子、托儿、教育、交通、厨房、退休、医疗费 8 项内容。

● 家族成员的行为规范。包括在外活动、周围环境、家庭纠纷、破坏公物和投诉 5 项内容。

● 明确界定家族成员和企业员工的角色。包括工作、工资、红包及花红和管理层 4 项。其中，"管理层"条款说明的是家庭管理层及公司管理层的成员组成（公司管理层由家庭管理层及外来人才组成，虽然两个领导班子人员上有交叉，但并不完全相同）。"红包及花红"条款规定，管理层在过年除夕的时候将按照个人情况决定家庭成员的红包及花红，在公司任职的成员将根据相关主管的评估及公司所设定的制度领取花红。"工资"条款规定，家庭成员应尽力把所安排的工作做好，公司将按照个人职责、工作范围及表现决定个人工资。"工作"条款规定，成员的工作由家庭管理层安排，如有不满，可向管理层提出协商；家庭成员如果要在外面工作，须通知管理层并且得到本人父母的同意。这些条款的主要精神是按照市场水平对在企业中工作的家族成员发放薪酬，其目的是清楚界定家族成员和企业员工的不同角色，避免角色不分可能引发的冲突与矛盾。

接班人培养规划。陈逢坤很早就建立了接班人的培训规划，包括送第三、四代家族成员到国内外的大学，分头学习家族企业所需的各项学识和技能，学业结束后让他们进入企业锻炼，然后从中挑选精兵强将，建立未来管理核心的人才"储备库"。这套选拔接班人的规划体现了程序公平，易于在家族内部形成制度信任，对于家族文化也起到了维护作用。

（3）建立家族治理机构

家族管理层。为了家规落实与管理需要，陈氏家族专门成立了家族治理机构——家族管理层。家族管理层的主要职能有：家务工作的安排、家人之间的沟通协调以及带领家族年长者就医。第一届的家族管理层由陈逢坤、陈逢秋

(陈逢坤二伯的儿子，国际元立集团的第二把手）和戚志萍（陈逢坤夫人）三人组成。后来由于陈逢坤在中国上海开发太阳岛，而戚志萍到台湾大学读草坪管理硕士，家庭管理层的成员变更为陈逢秋和太太陈婉芳，以及第三代的陈秀庄（三哥陈逢木的女儿，百美超市总经理）和陈永兴（四哥陈逢钦的儿子，时任中央配送部高级经理）。

家族会议。陈家庄每年都会召开1～2次家族会议，会上陈逢坤发表专门讲话，向家族成员通报相关企业信息，并强调对家族成员的期望。后来随着家族事业的国际化，许多家族成员赴上海工作，为了凝聚彼此之间的情感与强化沟通渠道，陈逢坤于2008年特地架设陈家庄网站，使家族成员之间的沟通便利化。

3.3 家族治理与陈氏家族绩效的关系

为了更好地描述家族绩效，Lansberg 和 Astrachan（1994）借鉴了家庭领域学者 Olson 等（1979）关于家族系统的刻画方法，通过家族凝聚力（family cohesion）和家族适应性（family adaptability）两个维度来测度家族功能[7,8]。在此基础上，我们采纳了 Colli（2012）的部分观点，最终使用家族凝聚力、家族适应力和家族声誉三个指标来刻画家族绩效[9]。根据前文的阐述，陈氏家族治理影响家族绩效的作用机制如图3-4所示。

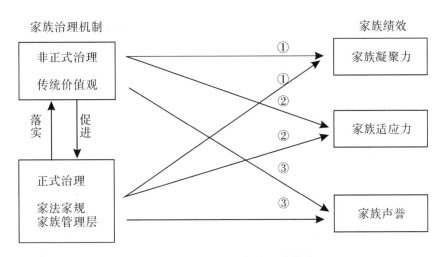

图3-4 陈氏家族治理与家族绩效关系

（1）家族治理机制与家族凝聚力

根据前文所述，陈氏家族的非正式治理机制与正式治理机制一起，共同促进了家族强大的凝聚力。陈氏家族现有200多口人，其中有80多人选择共同生活在陈家庄。如果没有强大的凝聚力，无法想象这么多人如何和睦相处生活在同一个屋檐下。陈家庄这种近百人聚居模式本身就是家族凝聚力的最有力证据。

（2）家族治理机制与家族适应力

从第一代大家长开始就着手培育的"爱家"意识有力地促进了家族适应力。1984年遭遇了突如其来的危机——政府宣布5年内全面取缔养猪业，陈家庄上下人心惶惶。第二代大家长陈逢坤为了确保家人的生存问题，想方设法地在困境中谋求生路。这种家族责任感促使他在解决了猪肉销售问题之后，仍积极探寻家族企业的转型和发展道路。比如在选择转型方向时，他将解决家人就业作为重要的考虑因素，后来确定尝试超市经营，实现从第一产业向第三产业的首次转型。随后，他仍不断地抓住一切可能的创业机遇，带领陈家庄以血缘关系为纽带形成一致的向心力和执行力，陆续取得创业成功。值得注意的是，在探寻家族事业拓展的同时，陈家庄能够根据家族动态制定家规家法进行制度化管理，并能随时间变化不断对其中的内容予以修订与调整。这些举措促进了家族适应力的提高。

（3）家族治理机制与家族声誉

陈家庄目前形成的四代同堂、近百人聚居的生活模式与世界范围内"家庭小型化"趋势相悖，这种现象引起了媒体的高度关注。1995年10月15日，新加坡国家电视台《焦点》节目将"陈家庄——一个四代同堂的现代传奇故事"呈现给了观众，创下了当年的最高收视纪录[10]。节目播出后获得高度的社会认可，知名度大增。这为后来家族在中国拓展业务提供了良好的声誉资本，对其所从事的业务也有极大的促进作用。

3.4　家族治理与国际元立集团的成长

（1）家族治理与企业创业绩效

陈亚财时代就开始塑造的"家和"文化是家族成功创业的关键。陈财发农场以养猪为主业，这是一个典型的劳动密集型行业。当时的家族成员同时也是家族农场的员工，家族内部所形成的互敬互爱、不分彼此的文化是成功创业的法宝。根据李永乐（2012）[2]，家族农场的养猪规模在1952年超过1000头，是当地最大的养猪户；1977年达到6000多头，成为临近地区数一数二的大农场。1984年达到50000头，成为新加坡的"猪王"。在此过程中，陈家庄人口多、劳动力充裕且众人同心协力是陈发财农场能够不断发展的竞争优势。

陈逢坤接班之后着手进行的"家族凝聚力工程"，促进了非正式治理机制向正式治理机制的转化。通过结构合理化与制度合理化，陈氏家族形成了一套完整且有特色的家族治理体系，对家族成员的行为以及家族成员与企业员工的角色区分予以了规范。这对于家族内部关系的维系起到了巩固作用。和睦的家族关系对家族企业向零售业的转型，乃至后来进军高尔夫休闲产业等都有良好的保障。比如，在家族领导人陈逢坤决定买下太阳岛之后，家族成员都能各尽所能参与到开发建设过程中[1]，这对于初来乍到的外资企业来说，节约了大量的管理成本。陈氏家人在太阳岛分工合作、各司其职，共同促进了国际元立集团的新创项目绩效。

（2）家族治理与企业延续

陈逢坤很早就认识到建立接班人制度和培养规划的重要性。对潜在接班人的培养要求兼顾能力与人格两方面。能力的培养主要是将下一代家族成员送到国外分头学习企业所需的各项学识和技能，然后从中挑选能者[2]。健全人格的培养则是从家庭教育入手，让每位陈家的孩子都能在成年前建立正确的家庭价值观与伦理道德观念。对家人具有深厚包容心和使命感是未来接班人必须具备的条件之一。

随着企业集团规模的扩大，外部人才也陆续加入。陈逢坤本着把员工当家人的价值观行事。在企业文化手册《为您做好每件事》中，他要求国际元立集团的管理层必须要关心员工，协助员工解决影响其生活的家庭问题，让他们可以安心生活。除此之外，管理层还要帮助所有员工成长与学习，为其做好职业生涯规划，提供学习的环境与机会，以及恰当的升迁管道。员工了解到公司视他们如同自家人一般的培养，自然会在这个大家庭中安心工作。我们也观察到，由于家族领导人陈逢坤的关键地位，陈氏家族文化与企业文化有着高度一致性。无论是家族企业接班人还是普通员工，都以"爱家""爱企"作为行为准则，这无疑是家族企业集团延续的重要保障。

---

[1] 比如，陈逢坤二叔的儿子陈逢秋在太阳岛担任总经理；陈逢秋的妻子陈婉芳担任太阳岛的财务经理；陈逢坤三哥的女儿陈秀能留学毕业之后就投入太阳岛的开发和监督工作中，担任常务副总；陈逢坤七哥的女儿陈秀能则负责太阳岛的文化和娱乐活动策划；陈逢坤五哥的儿子陈永全担任采购经理，其夫人肖筱婷做销售经理。此外，陈逢坤二姐的2个女儿张玉英、张美勤负责高尔夫球与体育项目的球场管理与养护。

[2] 在2006年的《陈家庄管理与福利制度》中，家族成员在教育津贴、校车服务、奖学金以及大学教育及深造留学等方面的福利制度是实现接班人培养的保障。

(3）家族治理与企业可持续发展

陈氏家族治理机制对企业集团可持续性发展的影响主要体现在以下两个方面：一方面，是家族价值观在实际中不断升华，从原来的"家族和谐"延伸至"与社会和自然"和谐共生。这种思想促使了国际元立集团找到了泰生农业的发展方向。泰生农业的精髓就是活化土壤，打造兼顾农林渔牧、生物多样性的自然生态环境。他们请来专家对1996年在上海设立的中新农场进行重新设计规划，将养猪的猪粪变废为宝，将其作为农场蔬菜的上等有机肥。蔬菜瓜果从此不用农药化肥，由此保持土壤的可持续发展作用，实现企业的良性循环。另一方面，心怀远大责任感的陈逢坤认为，只有企业不断做大做强，才能支撑整个家族共同体的生存。企业的成长唯有不断创新求变才能得以实现，因此，他对家族成员提出了"每一代都是第一代"的要求。与此相应地，创新、求变也被列为国际元立集团的五大经营理念之首，成为家族企业可持续发展的驱动力。

（4）家族治理与企业社会绩效

与陈家庄集体不分财产相一致的，国际元立集团至今没有上市发行股票。陈逢坤表示，股票上市可能造成因持股多寡而分裂企业，另外，股票交易可能导致外部因素的进入而使企业文化受到影响。因此，他打算成立家族基金会来处理所有国际元立集团的资产，从而实现"富过三代"的目标。以这种精神为导向，国际元立集团举办了六届泰生论坛，主要围绕家族企业的永续展开[11]。比如，第四届（2013）泰生论坛的主题为"富可过三代——家族企业的永续之道"；第五届（2014）论坛的主题为"家、企业与社会责任"；第六届（2015）则以"发现永续：东西方心灵对话"为主题。这些论坛邀请了来自多个国家的知名专家学者、著名家族企业领导人、以及媒体人，从不同角度讨论论坛的主题，获得了积极的社会效益。

3.5 评价与总结

本章以新加坡国际元立集团为例，回顾了其背后的陈氏家族如何构建家族治理体系，以及家族治理体系对企业集团成长的影响。实践证明，家族治理机制对企业家族的团结以及家族企业的成长都起到了实质性的作用。

我们的研究较好地补充了现有家族治理的研究。因为当前家族治理的研究大多是在英美文化背景下开展的，中国本土化研究较少。陈氏家族的治理模式有着典型的华人文化特征，作为从中国潮汕地区移民而来的家族，聚族而居是第一代始人追求理想目标，而第二代家族领导人通过家法家规等制度的合理化行动,将理想目标逐渐转变为现实,进而创造了一个极为典型的华人家族治理体系模板。在研究中,我们注意到,家族与企业之间的相互依赖,使家族企业的运营和行为动机受到家族文化的重大影响。目前,陈逢坤一直在实践将"陈家庄模式"复制到集团内的所有事业体系,并将企业愿景确定为"弘扬中华文化,推动现代中国式管理模式的企业"。我们将密切跟踪该企业集团的发展,并希冀通过与西方文化背景下的企业家族治理模式进行比较,从而丰富和发展家族治理与民营企业成长的研究。

参考文献

[1] FAHED-SREIH J, DJOUNDOURIAN S. Determinants of longevity and success in lebanese family businesses: An exploratory study [J]. Family business review, 2006, 19 (3): 225-234.

[2] 李永乐. 世纪陈家庄——从养猪户到营收百亿的企业家族传奇 [M]. 台北: 商周文化事业股份有限公司, 2012.

[3] 钟云莺. 国际元立集团"企业家族"信念之探讨 [Z]. 新跃大学新跃中华学术中心, 2014.

[4] 殷 R K. 案例研究设计与方法 [M]. 重庆: 重庆大学出版社, 2004.

[5] 从养猪种菜到涉足餐饮业——访泰生厨房创办人陈永绍 [N]. 联合早报, 2013-03-23.

[6] LANSBERG I, ASTRACHAN J H. Influence of family relationships on succession planning and training: The importance of mediating factors [J]. Family business reviews, 1994, 7 (1): 39-59.

[7] OLSON D H, SPRENKLE D H, RUSSELL C S. Circumplex model of marital and family systems: cohesion and adaptability dimensions, family types, and, clinical applications [J]. Family process, 1979, 18 (1): 3-28.

[8] COLLI A. Contextualizing performances of family firms: the perspective of business history [J]. Family business review, 2012, 25 (3): 243-257.

[9] 张新华. 陈逢坤与陈家庄——一个华人家族跨世纪的传奇 [J]. 中华儿女(海外版), 1997 (9): 10-19.

[10] 新加坡国际元立集团主办"泰生论坛",探索家族企业永续之道 [N]. 联合早报, 2013-07-05.

4 美国企业家族治理研究：以《纽约时报》为例

我们在前文分别介绍了中国近代康百万家族以及当代华人企业家族的治理案例，尽管案例企业所处的时代不同，但它们都体现出儒家文化的基本特征。以此为参照系，国外知名企业家族的治理实践是否会有不同呢？有学者曾经提到，不同国家法律体系的差异对企业家族治理机制的设计会有较大影响（Hauser，2009；Montemerlo 和 Ward，2011）[1,2]。那么，法律制度的差异会导致家族治理的哪些差异？除了法律之外，不同（亚）文化对企业家族的治理又会产生怎样的影响呢？本章我们将探索美国知名企业家族的治理模式与实践，为企业家族治理的跨文化比较研究提供经验与参考。

4.1 案例选择与资料来源

基于家族治理的复杂性，我们继续沿用了单案例研究方法。因为单案例研究可以提供在极其稀少或极端的情况下探究一种重要研究现象的机遇[3]。本章所选取的案例是美国的《纽约时报》公司及其背后的家族。理由有二：一是《纽约时报》是在美国有着相当影响力的家族报业公司。自 1896 年被阿道夫·奥克斯收购以来，已有 120 多年的历史。现任董事长兼出版人阿瑟·奥克斯·苏兹贝格（Arthur Ochs Sulzberger）是家族第四代接班人。这样长寿的家族企业离不开有效的家族治理体系作为支撑，为我们提供了研究机遇。二是《纽约时报》的所有者奥克斯－苏兹伯格家族已经出版了纪实性传记——*The Trust：The Private and Powerful Family behind the New York Times*（译名：《报业帝国——〈纽约时报〉背后的家族传奇》），里面有大量家族生活的细节，这为本章研究提供了大量真实的原始素材[4]。

本章获取资料的方法主要是传记研究法。所谓传记研究法，是指搜集与研究对象有关的传记资料以考察其行为特征的研究方法[5]。传记的种类很多，有个人传记还有企业传记。个人传记大多以社会生活为背景，叙述人物在不同生活环境中的生活历程和行为表现，记载人物的姓名、性别、生卒年代、时代背景、籍贯、家族、婚姻、受教育程度、价值观念、行为习惯、工作成就、生平事迹、人际交往、嗜好、特长、闲暇活动、疾病史等。企业传记是围绕企业的创立、成长、发展等企业发展史展开叙述而形成的传记。作为一种特殊类型的企业，家族企业的发展深受家族力量的影响，因此，家族企业传记既是企业发展史，也有着家族关键人物在家族企业情境中的生活历程和行为表现。采用传记法进行研究的主要优点有：①能搜集到研究人员无法亲身经历的历史性资料；②排除了被研究者在直接研究时产生的不自然反应；③可以了解到研究对象行为发展的一般情况及某些特征。传记研究法对于本研究来说，既可以帮助我们获得企业家族珍贵的历史性资料，又可以规避企业家族在直接访谈过程中不自然的反应甚至拒绝回应的问题。可见，传记研究法是在关于企业家族一手数据无法获得条件下的最佳替代方法。

4.2 《纽约时报》及奥克斯-苏兹伯格家族简介

《纽约时报》（*The New York Times*）是一份在世界范围内都有相当影响力的美国纽约报纸，长期以来拥有良好的公信力和权威性。这份报纸的前身是《纽约每日时报》，创始人是亨利·贾维斯·雷蒙德和乔治·琼斯[6]。

1896年，阿道夫·S.奥克斯（Adolph S. Ochs）以7.5万美元收购了濒于破产的《纽约时报》。在接办之初，阿道夫就确定了"力求真实，无畏无惧，不偏不倚，并不分党派、地域或任何特殊利益"的新闻报道原则。他大胆革新报纸经营方法，使2年后《纽约时报》的日发行量从0.9万份升至9.1万份，1912年的日发行量保持在24.8万份，1928年达到44.2万份[7]。

1935年，阿道夫去世，他的女婿阿瑟·苏兹伯格接任第二代发行人兼社长。阿瑟掌管的1935—1961年，《纽约时报》的日发行量从46.5万份升至71.3万份，并且周日发行量从74.5万份升至140万份。在这段时期，报社职员人数也翻了一倍多，达到5200人；广告行数从每年1900万栏/英寸增长至6200亿栏/英寸①；总收入几乎增长了7倍，达到1.17亿美元。在妻子伊菲珍（阿道夫的独生女）的协助下，阿瑟确保了奥克斯-苏兹伯格家族对《纽约时报》的控制，并使《纽约时报》的业务获得了广泛拓展，成为拥有多家美国报纸、杂志、电视台、广播电台和国外联合企业的大报团[8]。

1961年，阿瑟和伊菲珍的大女婿奥维尔·德勒富斯继任《纽约时报》的第三代发行人，但他的突然离世令报社领导层出现真空。1963年，阿瑟和伊菲珍唯一的儿子——37岁的阿瑟·奥克斯·苏兹伯格（小名"潘趣"）——临危受命，成为《纽约时报》的发行人。尽管当时的《纽约时报》已经是美国首屈一指的大报，但由于当时历时114天的印刷工人罢工，1963年成为该

---

① 英文是column inch，栏/英寸（报纸广告单位）。

家族接管《纽约时报》以来亏钱的第一年。不过,潘趣顶住压力带领《纽约时报》摆脱了财务不稳定的困扰,并使纽约时报公司成为覆盖全美国的庞大媒体集团。此外,在确保报纸质量的同时,《纽约时报》还一改旧日"灰贵妇"形象,先后设计推出了多种专刊。1969年,《纽约时报》在美国证券交易所上市交易,获得了多元化投资所需的资金渠道。在执掌《纽约时报》的34年(1963—1997年)中,潘趣带领《纽约时报》走出了濒临崩溃的困境,成为拥有21家地区性报纸、9家聚焦高尔夫和其他户外休闲的杂志、8家电视台、2个广播台、1家通讯社、1家特稿辛迪加和《波士顿环球报》的综合性公司,积累了雄厚的物质基础,时报的总资产从1.01亿美元增至26亿美元;在这期间,《纽约时报》还获得了31次普利策奖,赢下了2场著名的捍卫新闻自由的诉讼,这使时报发展到1851年创办以来前所未有的高度[9,10]。

第四代掌门人小阿瑟·奥克斯·苏兹伯格是潘趣的长子。1992年,他成为《纽约时报》的发行人,1997年接替父亲执掌董事会。20世纪90年代末以来,受互联网等新媒体的冲击,《纽约时报》的经营也面临困难。小阿瑟大胆革新,努力促成时报的平民化,并将一直以"灰贵妇"著称的《纽约时报》配以更多的色彩和图片。1996年,小阿瑟开拓了报纸的网络阅读业务,截至2004年,纽约时报公司已经为不同版本的报纸运营40多家网站,每年的广告营收就达1700万美元。然而2003年,他因误用人,导致至少36篇报道包含捏造、抄袭内容,一度使时报公信力严重下降[11]。近几年,纽约时报公司开始剥离其他资产,将重心放在开发核心品牌《纽约时报》上。比如,2012年出售《坦帕论坛报》,2013年出售包括《波士顿环球报》在内的新英格兰媒体集团(New England Media Group)[12]。在这一阶段,《纽约时报》一方面积极寻求数字化时代的转型[13],另一方面也面临着家族第四代与第五代领导人的交接班挑战[14]。

2018年1月1日,被称为"A. G."的阿瑟·格雷格·苏兹伯格从父亲手中接棒,成为第五代出版人。在这之前,A. G. 苏兹伯格于2016年10月被任命为公司的副出版人。他毕业于布朗大学,主修政治科学。在进入《时报》工作之前,苏兹伯格在美国几个地方报纸当过记者,2009年加入家族企业,2015年成为副主编[15]。

奥克斯-苏兹伯格家族族谱如图4-1所示。

4 美国企业家族治理研究：以《纽约时报》为例

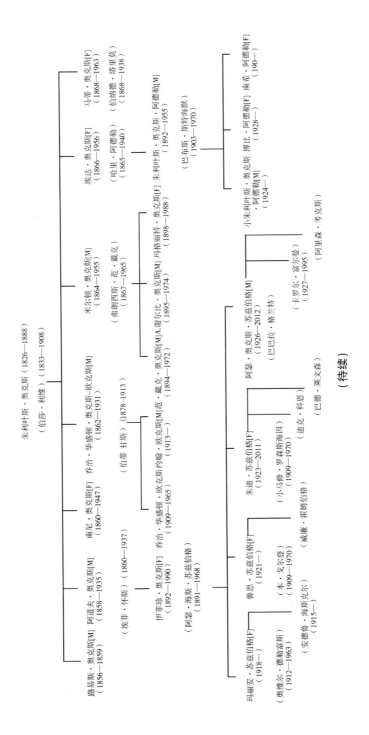

（待续）

家族治理与民营企业成长：理论与案例研究

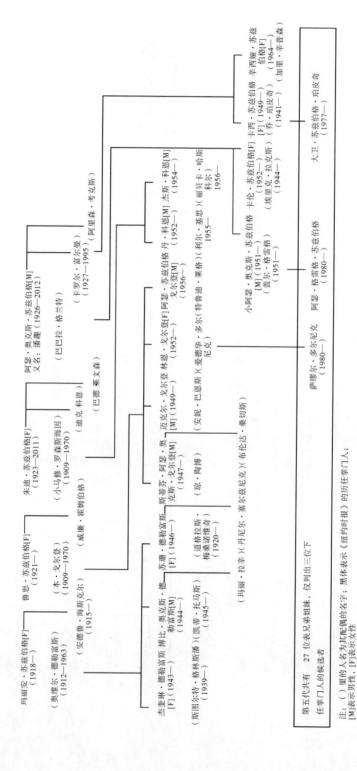

图 4-1 奥克斯-苏兹伯格家族族谱

4.3 奥克斯-苏兹伯格家族治理的演进

4.3.1 阿道夫时期的家族治理设计

阿道夫·奥克斯 1858 年出生在辛辛那提一个犹太家庭里，他的父亲朱利叶斯·奥克斯和母亲伯莎·利维都是德国移民，阿道夫是他们的第 2 个孩子。由于兄长夭折，年幼的阿道夫很早就承担起家中长子的角色。为了改善家里的经济状况，他 11 岁开始就为《诺克斯维尔纪事报》当报童，在接下来的 6 年中，他同时为《诺克斯维尔纪事报》和《诺克斯维尔论坛报》打工，从印刷厂办公室的勤杂工干起，之后给印刷工打下手，并如愿当上了印刷工的学徒。1875 年，他离开诺克斯维尔奔赴路易斯维尔，在《信使日报》当上了排版工人。后来，《诺克斯维尔论坛报》排字房的工头需要助手，于是阿道夫回到了家乡。1877 年，他与 2 位合作者在诺克斯维尔以南 114 英里的查塔努加创立《查塔努加每日快递》，可惜没过多久就破产了。1878 年，阿道夫借款收购了濒临倒闭的《查塔努加时报》50% 的股份，并于 1880 年获得该报纸的完全所有权。1883 年，阿道夫与埃菲·怀斯结婚，2 人的独生女伊菲珍在 1892 年出生。1896 年 8 月，阿道夫通过贷款买下严重资不抵债的《纽约时报》，开始了这家报纸长达 120 年的家族经营。在此过程中，他开始设计奥克斯家族的治理机制，具体包括：

（1）塑造高凝聚力的家族文化

利用家族文化和传统进行非正式治理是企业家族治理初期的典型特征。作为家族领导人，阿道夫在家族文化的塑造方面发挥了重要作用。

受犹太教义的影响，阿道夫在其一生中极其重视家庭。他很小就承担起家庭主要劳动力的角色，养活父母和自己的 2 个弟弟与 3 个妹妹。在他第一次成功收购《查塔努加时报》后不到 6 个月，他就将父亲聘为簿记员，大弟弟乔治也被聘为记者，当时小弟弟米尔顿正在读书，大学毕业后也加入了报社，成为一名正式员工。后来又任命妹夫哈里·阿德勒（妹妹埃达的丈夫）为报社总经理，米尔顿为执行总编。由于哈里和米尔顿在工作中相处很不愉快，阿道夫费尽心思进行调和，他先是给弟弟米尔顿另外安排了一个体面且轻松的职位，然后授权哈里对报社进行全面管理。与此同时，将米尔顿的儿子阿道夫·谢尔比·奥克斯托付给哈里调教，并将他逐步提拔为执行总编，最终接替哈里成为总经理。后来哈里"退下来"了，阿道夫任命他为《查塔努加时报》董事会主席，还特别成立了一个信托基金以确保哈里与埃达夫妇能够继续舒适安逸的生活。阿道夫于1901年和1902年分别收购了《费城时报》和《公众记录报》，并将两者合并在《公众记录报》的名下，任命大弟弟乔治担任发行人。阿道夫不遗余力地为家族成员提供工作机会的做法获得了家人的感恩与忠诚。

为了让家人有更好的生活居住条件，阿道夫在收购《查塔努加时报》之后，很快就购买了一座共有12个房间的大房子，他把父母、弟弟妹妹和外祖父全都安顿在这里。收购《纽约时报》之初，其经济条件还不足以在纽约买房，他就在距离纽约3个小时火车车程的大西洋城海边租了一座很大的木屋，每年夏天都组织家里人到那里度假。随着《纽约时报》经营好转，阿道夫于1901年8月组织家族成员进行了1次为期2个月的欧洲豪华游。经过首次欧洲之行，阿道夫决定将家族集体旅行常态化，即除了偶尔去一下美国西部或是阿拉斯加，他几乎每年都要带家人出国。家族聚会和度假为家族成员的情感交流与维系提供了重要渠道，这也是促进高凝聚力家族文化的重要途径。

在纽约经营报纸的阿道夫还会定期给母亲写信，交流在外创业的情况，共享家族企业成长过程中的重大事件及其感触。这些信件通过母亲转给其他家族成员及其亲戚们传阅，进而将整个家族紧密联系在一起。母亲去世后，阿道夫仍然保持着汇编书信的传统。作为奥克斯家族的首领，他用书信这种沟通方式将大家紧紧团结在一起。

为了将和谐的家族文化延续下去，阿道夫特别重视对唯一继承人伊菲珍的价值观教育。他通过言传身教将自己所珍视的价值观——慈善、好奇心、热爱家庭以及保护《纽约时报》——教给她。伊菲珍从小就在父亲关爱家人的示范榜样下成长，这也造就了后来的伊菲珍成为奥克斯-苏兹伯格家族的情感CEO和家族价值观的化身，对于家族力量的凝聚发挥了至关重要的影响。

（2）创建家族共同活动的场所

为了纪念父母，1928年阿道夫在查塔努加修建了伯莎纪念馆。这非常类似于中国的家族祠堂，记录着奥克斯家族的辉煌与传统，是家族的精神家园。

在《纽约时报》的经营走上正轨之后，阿道夫规定，家族成员的每次生日、每个企业的纪念日都要求所有的家族成员参加。比如在纪念收购的《查塔努加时报》50周年时，阿道夫与奥克斯家族的成员以及70位客人搭乘一辆火车专列来到查塔努加出席庆典。家族成员集体参加家族企业的各种庆典活动，有助于培养家族成员的归属感和强烈的责任感，树立家族是"第一位"的价值观。为了家族成员能够更好地相聚，阿道夫和埃菲在威斯特县白原镇买下了一处占地57英亩（相当于23万平方米）的住宅，取名海兰德尔。海兰德尔拥有近千平方英尺的舞厅、图书室、温室、私人湖、船库、网球场、6个车位的车库、3层楼和32个房间,是家族周末聚会的理想场所,给家族第三、四代的孩子们带来了很多的欢乐。

(3) 设立家族信托基金

为了确保家族对《纽约时报》的控制,阿道夫在遗嘱中规定:将《纽约时报》50.1%的普通股拿出来设立奥克斯信托基金会,由该基金会而不是某个人控制《纽约时报》的所有权。信托基金所拥有的普通股在他的女儿伊菲珍去世后平均分给他的4个外孙。在阿道夫去世后,他的遗孀每年都可以从基金会获得一笔收入;如果妻子埃菲去世,则是他们的女儿伊菲珍获得这笔收入。同时,他还指定阿瑟、伊菲珍和朱利叶斯(阿道夫妹妹埃达与妹夫哈里的儿子)作为信托人负责管理基金会。这种安排的巧妙之处是:给予了伊菲珍权力来决定谁将成为《纽约时报》的掌门人。为了弥补外甥多年来对《纽约时报》的贡献,他慷慨地赠予了朱利叶斯502股普通股,这使朱利叶斯成为仅次于已故查尔斯·米勒之子和基金会本身的第三大股东;女婿阿瑟则获得了2000股《纽约时报》的优先股。

4.3.2 伊菲珍时期的家族治理设计

1. 言传身教传递家族价值观

伊菲珍生于1892年,是阿道夫与妻子埃菲的独生女。1917年嫁给阿瑟·海斯·苏兹伯格,阿瑟后来成为阿道夫的接班人。1990年伊菲珍去世,享年98岁[16]。她是奥克斯-苏兹伯格家族的宝贵财富,正是她将全家人紧紧地团结在一起。她和父亲阿道夫·奥克斯的关系最为直接,又很长寿,因此得以将父亲的核心价值观传递给她的4个子女与13个孙子女。

婚姻关系的处理。父亲去世后,伊菲珍作为奥克斯信托基金会3人小组成员之一,是《纽约时报》未来发展的关键决策者。但作为新一代发行人的妻子,她总是小心翼翼地做丈夫身后的女人,避免抢了丈夫的风头。当丈夫在工作中碰到难以处理的冲突时,她会利用自己的人际网络,默默地充当冲突解决的润滑剂。阿瑟有不少的花边新闻和风流韵事,但伊菲珍为了家庭的完整对此总是抱着容忍态度,从来不做任何有损于丈夫自尊心的事情,因为争吵引致的家庭破裂将直接影响到家族对《纽约时报》的控制。伊菲珍心中最重要的事情就是保护和培育《纽约时报》,她通过亲身的行为示范将核心价值观传递给自己的4个孩子。

家族行为规范。伊菲珍对家族成员行为予以如下规范:

①衣着形象。作为拥有和管理《纽约时报》的家族成员必须衣着得体,向公众展现良好的形象,这是奥克斯-苏兹伯格家族成员应该承担的责任。家

族中即使是不满 10 岁的小男孩,在外出时也会被要求穿上夹克、系上领带。

②克制情绪。家族成员要克制自己的情绪,即使在亲人去世时,难过的情绪也不能在公众地方表露。一切要向前看,悲痛是不得体的行为。比如在阿道夫去世后,伊菲珍没有将自己内心的痛苦外露出来,她借给父亲建立纪念碑、发行阿道夫纪念邮票、提高奥克斯家族和《纽约时报》的社会地位来缅怀自己的父亲。

③家族成员聚居。虽然不再像阿道夫那样要求家族成员必须生活在一起,但家族成员聚居的惯例还是得以维持,只不过伊菲珍对此做了一些变通——家族成员的住所必须靠近。比如阿瑟与伊菲珍的大女儿玛丽安,结婚后的每个夏天都会和丈夫奥维尔带着孩子与父母一同生活。后来,阿瑟和伊菲珍搬迁新居(取名为新海兰德尔),根据家族传统,奥维尔与玛丽安在距离父母新居仅有 3 分钟路程的地方修建了自己的住所。

④家族成员不得讨论财富。在伊菲珍看来,家族成员讨论财富是一种不良行为。因此,金钱在奥克斯-苏兹伯格家族是一个谈话禁区。制定这条家规的用意是:敦促家族成员将关注点放在报纸质量而非股票分红上。当然,这也有效避免了家族成员对财富过于关注可能引发的争端。

与家族外围成员关系的处理。阿道夫去世后,苏兹伯格家族逐渐在《纽约时报》中占据了关键管理职位,奥克斯家族成员(比如阿德勒一家和米尔顿一家)逐渐成为家族外围部分,但对伊菲珍而言,家族外围成员仍是家族的一部分。她想方设法将家族中的所有人集中到一起,凝聚整个家族的力量。比如,她为奥克斯家族中的血亲甚至那些近似陌生人的远房亲戚支付了学前班到大学的全部费用;当奥克斯家族的后人出现困难时,出手提供帮助。除了奥克斯家族的成员之外,家族外围成员还包括苏兹伯格家族成员的前配偶们,比如潘趣(伊菲珍儿子)的前妻巴巴拉、博比(伊菲珍的外孙)的前妻凯蒂等。伊菲珍常常为这些关系人提供帮助,以改善她们在离婚后的生活水平。这些举措起到了将外围成员凝聚在家族周围的目标,有效避免了她们在离婚之后可能产生的"离心力"(比如对家族怨恨或法律纠纷),维护了整个家族乃至《纽约时报》良好的外部形象与声誉。

(2)聘请顾问进行家族价值观教育

出于对家族价值观的重视,伊菲珍还专门聘请了律师埃迪·格林鲍姆担任孩子们的导师,负责让苏兹伯格家族的 4 个孩子了解《纽约时报》的重要性。格林鲍姆经常将小苏兹伯格姐弟聚集在他的办公室,就报纸、阿道夫遗嘱的构成以及《纽约时报》的未来发展进行自由讨论。在他的教导下,小苏兹伯格们掌握了后来他们一直践行的家规——保护和培育《纽约时报》。《纽约时报》

所产生的利润必须重新投资于报纸,以提高其品质,而不是让家族成员的生活更富有。因此,当苏兹伯格家族的孩子们全面融入有关家族团结的教程中时,他们不愿意谈论有关股票买卖和信托基金。随着年龄的增长和对商业理解的能力增强,格林鲍姆开始与孩子们讨论,家庭成员是否应当在家族公司中担任一定的职务,或者干脆放弃,成为受到良好培训的专业人士。他教育孩子们,家族成员应当参与《纽约时报》的高层管理,但他们必须不断提高和完善自己的能力,即家族成员有权利去为家族的报纸服务,但没有权力得到一定的职位。这在后来也成为奥克斯-苏兹伯格家族的新家规——禁止为自己的孩子争取在《纽约时报》里的职位。家族顾问这种间接形式进行的教育沟通与父母的言传身教互补,对苏兹伯格下一代成员的价值观建立与巩固起到重要作用。

(3) 祖屋成为家族聚会的固定场所

伊菲珍将父亲遗留下来的海兰德尔庄园打造成联络家人情感的重要场所。和伊菲珍一样,苏兹伯格家的3个女儿——玛丽安、鲁思、朱迪都是在海兰德尔举办的婚礼。后来,海兰德尔又成为第四代家族成员向往的"人间仙境"。居住在纽约城内或郊区附近的玛丽安、朱迪和潘趣三姐弟的孩子们,周末都要到海兰德尔聚餐与玩耍。而对于较远的鲁思家的4个孩子,则常常在每个夏天从查塔努加①来到海兰德尔度假。对于孩子们而言,海兰德尔不仅仅是娱乐休闲的场所,更是连接与外祖母的纽带,是他们记忆中最美好的回忆。因此,海兰德尔对于苏兹伯格家族,就像海恩尼斯港对于肯尼迪家族一样,是每代人联络感情,分享过去、让家族成员紧密团结在一起的地方。

(4) 不断地补充与修正家族协议

随着苏兹伯格家族结构的变化,伊菲珍开始对家族股权协议予以补充和完善,以维护家族对《纽约时报》的控制。比如,1941年在大女儿玛丽安结婚的前一天,伊菲珍让自己的4个孩子签订了《股权回购协议》。苏兹伯格四姐弟承诺:一旦取得遗产(即《纽约时报》公司的普通股),如果其中任何1人意欲出售的话,应当给予其他3人优先购买公司普通股的权利。这个文件是确保《纽约时报》掌控在家族手中的第一个文件。

1957年5月,为了配合报社的融资计划,《纽约时报》的普通股被分成了没有选举权的A股和有选举权的B股。这样的安排有两个目的:①有助于报社通过A股变现筹集并购所需的资金;②为苏兹伯格家族的继承人提供支付遗产税的现金来源。当家族继承人没有足够的现金支付遗产税时,他们可以通

---

① 伊菲珍的二女儿鲁思在美国田纳西州经营家族的另一个报业公司,即《查塔努加时报》。

过卖掉一部分A股获得资金，同时可以继续持有B股以控制纽约时报公司。

后来，《纽约时报》公司实施多元化战略需要大量资金，因此决定上市。但由于1957年创建的A级普通股不含有选举权，美国证券交易所拒绝了公司的上市申请。为打破僵持局面，持有绝大多数B级普通股的苏兹伯格家族决定让渡一部分权力，即规定A级股票持有者能选举董事会30%的成员，而B级股票持有者可以选举70%的董事会成员。通过股权结构的再设计，《纽约时报》公司于1969年1月14日正式上市。尽管苏兹伯格家族让渡了部分权力，但仍能保持对《纽约时报》的相对控制。

对于家族成员离婚可能导致的股份外流，奥克斯－苏兹伯格家族也做出了积极预防。比如奥克斯信托基金规定，只有在伊菲珍逝世之后，遗产才能转交给她的4个子女①，因此，当她的儿子潘趣与第一任妻子巴巴拉离婚时（伊菲珍仍在世），并不涉及《纽约时报》普通股的分割问题，也不影响家族对《纽约时报》的控制。伊菲珍的表弟朱利叶斯·奥克斯去世前，为了防止妻子染指家族报业，专门与家族律师埃迪·格林鲍姆聚在一起商议遗嘱安排，他规定：只有自己的子女才能共同继承《纽约时报》的普通股，而配偶则继承所有的优先股、现金收入等其他财产。他的孩子在成年之前，继承的股票由奥克斯信托基金会代管。这样的制度安排可以预防外人对《纽约时报》控制权的威胁。

4.3.3 潘趣时期的家族治理设计

阿瑟·奥克斯·苏兹伯格（被家人昵称为"潘趣"），1926年出生于纽约市，是阿瑟和伊菲珍夫妇最小孩子，也是唯一的男孩。他在二战和朝鲜战争时期服役于美国海军陆战队，后来被父亲安排到《密尔沃基日报》短暂实习1年，于1954年加入《纽约时报》海外部，先后任《纽约时报》驻法国、意大利记者。1963年姐夫奥维尔因病去世②，37岁的潘趣成为《纽约时报》有史以来最年轻的发行人。

（1）维护团结和谐的家族价值观

长期以来受到家族文化的潜移默化，维护家族团结已经深植于潘趣的理念当中。自从上台以来，他就形成了在重大问题决策前先征求姐姐们意见的习惯。在做涉及家族成员的决策时，潘趣总是非常慎重。比如斯图尔特·格林斯

---

① 伊菲珍去世后，拥有《纽约时报》和《查塔努加时报》的奥克斯信托基金会才自动解体，其B股则分为4个新的信托资产，玛丽安、鲁思、朱迪和潘趣各占1份。

② 奥维尔自1957年以来担任《纽约时报》总裁与发行人。

潘因与妻子杰西卡（潘趣大姐玛丽安的女儿）离婚导致其在《纽约时报》的地位很尴尬。潘趣并没有因此将其排挤出公司，而是将他安排到《纽约时报》下属的一家报社担任发行人，这样既可以化解其尴尬，同时又能避免激烈处理方式可能产生的家族冲突。尽管斯图尔特并没有接受该安排①，但他对当时潘趣善意的处理方式表示了理解。另一个体现潘趣价值观的事例是他在是否关闭《查塔努加时报》问题上的决策。1978年之后，《查塔努尔时报》面临严重的财政困难，导致拥有该报的奥克斯信托基金会连续几年为此填补亏空，但潘趣还是否决了下属提出的关闭这家报社的提议。其原因是，潘趣的二姐鲁思自从1965年以来就担任该报的发行人，因此在当地有着重要的社会地位。考虑到报纸对鲁思的重要性，潘趣做出了让《查塔努加时报》与当地另一家报社进行战略合作的决策。通过部分利益的让渡，潘趣最终实现了让鲁思继续经营《查塔努加时报》的目标。

（2）协调家族与企业之间的关系

在潘趣执掌《纽约时报》期间，包括自己孩子在内的13位第四代家族成员陆续长大，他们对进入家族企业工作的兴趣也越加浓厚，因此，家族治理问题也变得更加复杂和迫切。对于家族成员进入的问题，潘趣的处理原则是：

①欢迎下一代加入家族报业，并安排报社的高级职业经理人作为导师对他们进行培训。

②家族成员有在报社获得工作机会的权利，但只有做出成绩才能得到晋升。

③为了做到家族成员之间的公平，人力资源总监的职位必须由一个与奥克斯－苏兹伯格家族无亲无故的独立人担任。

设立公平竞争的条款对于不同家族分支的和谐非常必要，同时确保有能力的家族成员担任报社的关键职位对家族企业的发展来说也是理性的。

（3）完善家族股权协议

1986年，为了确保纽约时报一直掌握在家族手中，潘趣与3个姐姐以及他们的13个子女签订了一份特殊契约。根据这份协议，苏兹伯格家族的所有继承人要保证，永远不把具有选举权的B股卖给家族以外的人。如果家族成员想要用手中的B股套现的话，首选的卖家应该是家族内部的人或是纽约时报公司。如果要卖给家族以外的人，必须先将B股转换成A股。协议的有效期持续到潘趣四姐弟最后一位过世后21年，这样可以保证家族再掌管《纽约时报》50～100年。也就是说，即使未来家族内部发生争斗，也不会影响这

---

① 斯图尔特后来离开了《纽约时报》，并成功创办了自己的公司。

种控制权。其代价是家族第三代成员丧失了在公开市场出售 B 股的机会，这类交易能给他们带来几亿美元的收入。但为了家族股权的平稳过渡，他们一致签订了该协议。与此同时，苏兹伯格家族对公司的资本结构再次进行重组，把每股 B 股转换 1 股新 B 股和 9 股 A 股，同样只有新 B 股才能掌控公司的控制权，而 A 股的功能主要解决下一代继承 B 股时可能面临的税收问题。理论上来说，新的 A 股足够支付好几代人需要缴纳的继承税了。

4.3.4　小阿瑟时期的家族治理设计

1992 年，经董事会同意，66 岁的潘趣将《纽约时报》发行人位置交给唯一的儿子小阿瑟·奥克斯·苏兹伯格。小阿瑟于 1951 年出生，是潘趣与第一任妻子巴巴拉的孩子，也是潘趣 4 个孩子中唯一的男孩[①]。1970 年，进入塔夫茨大学就读政治科学和国际关系专业。大学毕业后分别在《雷利时报》和美联社伦敦办事处短暂工作锻炼过，1978 年正式加入《纽约时报》。他从记者开始做起，经过在时报的企划部、生产部和销售部门的轮岗训练，1987 年被任命为发行人助理，1988 年担任代理发行人。小阿瑟于 1992 年正式出任《纽约时报》的发行人，1997 年被提名为公司董事会主席。在小阿瑟执掌《纽约时报》期间，奥克斯－苏兹伯格家族规模持续扩大，家族成员数量从第四代的 13 人增加到第五代的 27 人。为了公平、公开地讨论家族成员进入公司以及晋升机制等问题，苏兹伯格家族开始讨论制定正式的家族宪法进行治理。

（1）组织制定正式的家族宪法

为了解决日益迫切的家族治理问题，苏兹伯格家族的第四代成员经过父辈的认可，决定制定全面的家族宪法。他们专门聘请了知名的家族企业研究专家克雷格·阿罗诺夫担任家族顾问和调停人。在专家的协助下，第四代家族成员划分成慈善、家族管理、聘用政策、受托人参与、董事继承以及家族办公室等各个小组进行讨论。1994 年年底，各小组完成了各自的工作，并将其讨论结果汇集并装订出来，取名为《未来建议：由第四代、第五代奥克斯－苏兹伯格家族向第三代提出》。

这份家族宪法的序言声明：保持家族团结和管理《纽约时报》是家族的核心目标。为了捍卫家族报纸，个人利益要服从于家族集体利益。

关于家族股权分配，苏兹伯格第四代家族成员认为，他们是 1 个家族的成员，而非分别隶属于 4 个"支系"。为此，他们将 4 个独立的信托基金（占

[①] 潘趣与第一任妻子巴巴拉有 2 个孩子（小阿瑟和卡伦），与第二任妻子卡罗尔生有一女卡西，另有一女是收养的卡罗尔与前夫的女儿辛西娅。

《纽约时报》B 股的 85%）合并成一个新的基金——奥克斯－苏兹伯格家族信托基金会。在新的信托基金中，第四代的 13 位家族成员所占的股份相等。这种安排需要丹和杰斯（朱迪的儿子）做出很大的牺牲，因为他们那一支只有 2 个孩子。但为了家族公司的利益，苏兹伯格家族成员非常团结。他们选举鲁思的女儿林恩担任新的家族信托基金会的托管人。

关于家族管理，苏兹伯格家族的年轻一代并不反对聘请非家族成员担任 CEO，但他们一致认为，苏兹伯格家族应当拥有 CEO 人选的最终决定权，即家族成员必须出任董事并对董事会有控制权。在资料收集过程中，我们找到了《纽约时报》公司 2006 年董事会候选人名单发现，持有 B 类股的股东共推荐了 9 名候选董事[①]，其中苏兹伯格家族成员就占了 4 席，见表 4－1。乍看上去，苏兹伯格家族在董事会中的席位没有超过一半，实则不然。其中，候选董事中的珍妮特·L·鲁滨孙，是作为《纽约时报》公司总裁兼 CEO 的身份位列董事名单之中的。这意味着，在涉及 CEO 更替的决策中，其余 8 名董事具有真正的投票权，苏兹伯格家族控制的 4 席稳稳地占据一半的话语权，所以说苏兹伯格家族确实拥有 CEO 人选的最终决定权。

表 4－1　《纽约时报》2006 年董事会候选人简介（B 类股）

1	布兰达·C. 巴尼斯	
	年龄：	52
	从何时起任董事：	1998 年
	主要职业：	Sara Lee 公司董事长兼 CEO（自 2005 年 10 月起），总裁兼 CEO（2005 年 2 月—2005 年 10 月），总裁兼 CEO（2004 年 7 月—2005 年 2 月）；Starwood Hotels & Resorts 代理总裁兼 CEO（1999 年 11 月—2000 年 3 月）；百事可乐北美公司，总裁兼 CEO（1996—1997 年）及 CEO（1993—1996 年）；百事可乐南方，总裁（1992 年）
	其他董事资格	Sara Lee 公司与 Staples, Inc.
	委员会成员	薪酬（主席）与任命及治理

---

① B 类股是具有表决权的普通股，因此 B 类股推荐的董事才是有话语权的董事。我们将在本书的第 6 章详细阐述其中涉及的双重股权结构。

续表 4-1

2	林·G. 多尼克	家族成员（第三代鲁思·苏兹伯格的女儿）
	年龄：	54
	从何时起任董事：	2005 年
	主要职业：	多家非盈利机构的董事
	近期商业经验：	Exhibits and Outreach，副董事（1998—2004 年），展览部首脑（1993—1998 年），展览解说办公室首脑（1991—1993 年），董事特别助理（1986—1991 年），NOAHS Center（动物卫生科学新机会）董事（1985—1987 年），Smithsonian's 国家动物园董事
	委员会成员：	金融
3	迈克尔·高登	家族成员（第三代鲁思·苏兹伯格的儿子）
	年龄：	56
	从何时起任董事：	1997 年
	主要职业：	本公司董事副主席（从 1997 年起）与 国际先驱论坛报出版人（自 2003 年起）
	近期商业经验：	本公司运营部总裁（1996—1997 年）；NYT 运动/休闲杂志执行副总裁，《网球》杂志 副总裁与出版人（1994—1996 年），女性杂志执行副总裁与总经理（1991—1994 年）
	委员会成员：	基金会
4	大卫·E. 里德尔	
	年龄：	61
	从何时起任董事：	2000 年
	主要职业：	U. S. Venture Partners 合伙人（2000）
	近期商业经验：	Interval Research Corporation 董事会主席（1999 年），总裁（1992—1999 年）与共同创办人；IBM 公司副总裁（1991 年）；Metaphor Computer Systems, Inc. 总裁兼 CEO（1982—1991 年）
	委员会成员	审计与薪酬

续表 4-1

5	艾伦·R. 玛瑞	
	年龄：	59
	从何时起任董事：	1998 年
	主要职业：	The Barnegat Group, LLC（商业咨询公司）总裁（自 2006 年起）；North Castle Partners, LLC 运营顾问（自 2006 年起），执行董事（2000—2005 年）；efdex, 总裁兼 CEO（1999—2000 年）；Tropicana Beverage Group 总裁（1993—1998 年）与 CEO（1997—1998 年）；The Seagram Co. Ltd. 与 Joseph E. Seagram & Sons Inc. 执行副总裁（1993—1998 年）；纳贝斯克食品公司高级副总裁，纳贝斯克饼干公司总裁兼 CEO（1988—1993 年）
	其他董事职位：	礼来公司与福特汽车公司
	委员会成员：	金融（主席），提名与治理及审计
6	汤姆森·梅德何夫	
	年龄：	52
	从何时起任董事：	2003 年
	主要职业：	KarstadtQuelle AG CEO（自 2005 年起）
	近期商业经验：	KarstadtQuelle AG 非执行董事主席（2004-2005 年）；Investcorp Ltd. 执行董事（2003-2005 年）；董事会主席兼 CEO（1997-2002 年），公司发展与多媒体协调业务总监（1994-1998 年），The Board Industry Division 成员（1990-1994 年），Bertelsmann AG；Mohndruck, Calandar 出版公司执行董事（1989-1990 年）
	其他董事职位：	APCOA Parking AG, KarstadtQuelle AG, The Polestar Corporation 与 Thomas Cook AG（非执行董事主席）
	委员会成员：	薪酬

续表4-1

7	珍妮特·L.鲁滨孙	
	年龄：	55
	从何时起任董事：	2004年
	主要职业：	本公司总裁兼CEO（自2005年起）
	近期商业经验：	本公司执行副总裁兼（自2004年起）；本公司报纸运营部高级副总裁（2001—2004年）；纽时报总裁兼总经理（1996—2004年）
	委员会成员：	基金会
8	小阿瑟·苏兹伯格	家族成员（第三代掌门人潘趣的儿子）
	年龄：	54
	从何时起任董事：	1997年
	主要职业：	本公司董事会主席（自1997年起）和《纽约时报》出版人（自1992年起）
	近期商业经验：	《纽约时报》副出版人（1988—1992年）助理出版人（1987—1988年）
9	卡西·J.苏兹伯格	家族成员（第三代掌门人潘趣的女儿）
	年龄：	56
	从何时起任董事：	2002年
	主要职业：	LHIW房地产开发合伙企业合伙人（自1988年起）
	近期商业经验：	查塔努加时报董事（1996—1999年）；美国零售药剂师协会消费者关系与信息技术部消费者事务咨询师（1980—1988年）
	委员会成员：	金融与基金会（主席）

资料来源：《哈佛商学院——纽约时报案例》。

关于家族成员的培养，苏兹伯格家族专门成立了"家族事业发展委员会"，首届委员包括小阿瑟、董事会副主席迈克尔·戈尔登（鲁思的儿子）、《纽约时报》的CEO和人力资源总监。目前，家族对于第五代的3位继任候选人的培养也制定了详细措施[17]。比如，每月举办午餐会，一是促进三人之间的关系，二是对他们进行新闻专业方面的培训。另外，还聘请了心理学家为他们进行心理评估①。

(2) 举办多种家族活动凝聚力量

为了融洽表兄弟姐妹之间的关系,第四代家族成员中的迈克尔每年都在自己位于哥伦比亚郡(Columbia County)的家中举办家族聚会,就像老一辈过去在海兰德尔庄园举办聚会一样。迈克尔·戈尔登是鲁思的孩子,他为人热情、幽默,成为家族活动的优秀组织者之一。

另一位推动家族凝聚力工程的成员是玛丽安的女儿苏珊·德勒富斯。她所做的工作包括出版外祖母伊菲珍的传记②;成立纽约时报历史项目组,用影片和采访录音来记录报纸的发展;在 1996 年与报社前执行总编亚瑟·格布一起联合主持成立了《纽约时报》百年纪念规划委员会,筹划了一系列的纪念活动(包括举办展览活动、组织汇编《纽约时报》的记录档案、拍摄阿道夫的传记影片以及家族的百年庆典活动等)。这些纪念活动可以增强家族成员的家族意识及其对本家族的认同,提高了他们的共同利益意识与家族凝聚力。

4.4 家族治理:《纽约时报》家业长青的秘诀

《纽约时报》是一家长寿的家族企业,在奥克斯-苏兹伯格家族的掌管下有 120 年(至 2016 年)的历史。其长寿的秘诀除了制定实施合理的战略外,最重要的莫过于其家族治理体系的构建与完善。随着家族生命周期的变化,奥克斯-苏兹伯格家族利用家族文化、家族协议以及家族治理机构的建构与完善,实现了较强的家族凝聚力和对家族企业的持久承诺。

4.4.1 奥克斯-苏兹伯格家族文化的塑造与巩固

奥克斯-苏兹伯格家族文化建设经历了三个阶段(如图 4-2 所示)。

(1) 建立阶段

阿道夫·奥克斯是家族企业的创始人。由于在家族内部以及企业中的关键地位,他对于家族文化的形成起到了决定性作用。阿道夫对唯一女儿伊菲珍的

---

① 三位继任候选人分别是:现任董事长兼发行人小阿瑟的儿子阿瑟·格雷格·苏兹贝格,他最为人知的是领导团队敲响了被称为"创新报告"(Innovation Report)的数字时代警钟;小阿瑟同父异母的姐姐卡西的儿子大卫·柏比奇,哈佛大学 MBA 毕业,成功推出了《纽约时报》的数字订阅和一些手机软件;小阿瑟的表妹林恩的儿子山姆·多尔尼克(Sam Dolnick),一位有影响力、直言不讳的第四代家族成员。
② 《伊菲珍:纽约时报家族伊菲珍·奥克斯·苏兹伯格回忆录》出版后仅在家族内部发行流通。

价值观教育是家族文化有效传递的关键一环。

（2）发展阶段

自父亲去世之后，伊菲珍在家族担负起首席情感官的职责。凭借女性细腻的情感，将家族成员、家族亲戚以及外围成员黏合起来。伊菲珍格外重视下一代的价值观教育，除了以身作则、言传身教之外，她还聘请了家族顾问定期与下一代家族成员讨论沟通，达到了良好效果。伊菲珍对于家族文化的另一个贡献在于开始建立家规，尽管尚未成文，但走出了家族文化制度化的第一步。伊菲珍非常长寿，对于家族价值观的传递与发展发挥了重要作用。

（3）巩固阶段

潘趣在担任家族领导者之后，奥克斯－苏兹伯格家族的文化建设进入巩固阶段。在该阶段，协调规范家族与企业之间关系被纳入家族治理的范畴。为了应对日益复杂的家族问题，奥克斯－苏兹伯格家族决定将其家族文化正式成文，于1994年年底推出其家族宪法，实现了非正式家族治理向正式家族治理的转型。

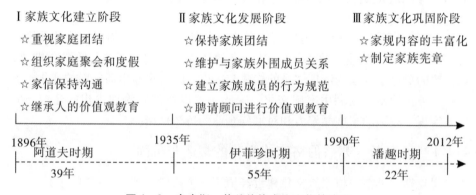

图4-2　奥克斯－苏兹伯格家族文化的演进

注：1896年家族取得《纽约时报》控制权；1935年、1990年、2012年分别是三位关键人物逝世的年份。

4.4.2　奥克斯－苏兹伯格家族协议的扩展与完善

根据家族结构以及企业发展需求的变化，奥克斯－苏兹伯格家族对于治理协议进行了相应的调整与完善，这主要体现在两个方面。

（1）确保家族对《纽约时报》的控制

家族股权协议经历了多次调整（见表4-2）：比如随着家族规模的扩大，家族股权回购协议有过两次调整；为了便于家族成员支付遗产税以及公司上市等需要，家族企业资本结构进行过三次重组；奥克斯家族信托基金在伊菲珍过世后分成了四个独立的信托，但为了维系一个家族的理念，重新合并成立奥克斯-苏兹伯格家族信托基金会。

（2）家族协议内容逐步完善

最初的家族协议主要是股权协议，后来的内容逐步扩展至涵盖慈善、家族管理、聘用政策、董事继承等内容的综合性家族协议——家族宪法。

表4-2 奥克斯-苏兹伯格家族股权协议的调整

时间	签订者	协议内容	目标
1935年	阿道夫·奥克斯设立	家族信托基金 设立家族基金会——奥克斯基金会，其掌控《纽约时报》的50.1%的普通股	确保家族控制
1941年	苏兹伯格家族四兄妹：玛丽安、鲁思、朱迪、潘趣	家族股权回购协议 4人承诺：一旦取得遗产，会给予其他3人《纽约时报》普通股票的优先购买权	防止家族股权外流，确保家族对《纽约时报》的控制
1957年	《纽约时报》普通股持有者	公司资本结构重组 每股普通股划分为没有选举权的A股和有选举权的B股；奥克斯基金会和苏兹伯格家族掌控了绝大部分B股	在不影响家族控制的前提下，为报社的并购行为以及家族成员支付遗产税提供变现渠道
1968年	《纽约时报》普通股持有者	股权再设计 为了股票上市，允许A级普通股持有者拥有部分选举权（可以决定董事会30%的成员）	为了股票上市，家族让渡了一些权力，但仍能保持对《纽约时报》的相对控制
1986年	家族第三、四代成员	家族股权回购协议 苏兹伯格家族的所有继承人要保证，永远不把具有选举权的B股卖给家族以外的人	确保家族控制权
1986年	《纽约时报》普通股持有者	公司资本结构再重组 把每股B股转换1股新B股和9股A股，只有新B股才能掌控公司的控制权	确保家族控制的前提下，为后代缴纳遗产税提供变现渠道

续表 4-2

时间	签订者	协议内容	目标
1995 年	家族第四代成员	4 份信托基金的合并 为了家族团结，第四代家族成员将 4 个独立的信托基金合并成 1 个。第四代的表亲们持有的股份相等	维系一个家族的理念，实现对《纽约时报》的统一控制

注：作者根据资料整理而成。

4.4.3　奥克斯-苏兹伯格家族治理机构的多样化

随着家族结构日益复杂，奥克斯-苏兹伯格家族创建了多样化的正式治理机构，即除了前文多次提及的家族基金会之外，他们还组建了以下机构：

（1）家族办公室

这个治理机构实质上就是家族账户的财务总管，将家族可能面对的投资、保险、法律、税务和慈善机构设立等事务都统筹起来，专门管理和保护家族的财富以及广泛的商业利益。

（2）家族事业发展委员会

主要是对在家族企业工作的家族成员进行客观评估，以确定不同的家族成员如何培训以及晋升的家族治理机构。

（3）家族（企业）历史项目组

这是奥克斯-苏兹伯格家族颇具特色的家族机构。主要是对家族历史上重要人物以及《纽约时报》的发展历史进行记录，这有助于增强家族认同感与凝聚力。

奥克斯-苏兹伯格家族根据家族动态不断建构、调整、完善家族治理体系，从而达到家族内部关系和谐、家族与企业之间协调发展的目的。这也是《纽约时报》家业长青的秘诀。近些年来，随着互联网给报纸带来的巨大冲击，《纽约时报》也在经历艰难的转型。在这种特殊背景下，奥克斯-苏兹伯格家族又是如何应对和迎接挑战的？本课题组将对此进行长期跟踪研究。

参考文献

[1] HAUSER B R. International family governance：A guide for families and their advisors [M]. Rochester：Mesatop Press, 2009.

[2] MONTEMERLO D, WARD J L. The family constitution [M]. New York：Palgrave

Macmillan, 2011.
- [3] 殷 R K. 案例研究方法的应用 [M]. 重庆：重庆大学出版社, 2009.
- [4] 蒂夫特 S, 琼斯 A. 报业帝国——《纽约时报》背后的家族传奇 [M]. 吕娜, 陈小全, 译. 北京：华夏出版社, 2007.
- [5] 艾略特 B. 传记、家庭史与社会变迁研究 [M] // 斯特劳, 肯德里克, 麦克龙. 解释过去, 了解现在——历史社会学. 王辛慧, 等, 译. 上海：上海人民出版社, 1999.
- [6] 纽约时报. 百度百科：https: //baike. baidu. com/item/纽约时报.
- [7] OCHS A. Immigrant entrepreneurship: German – American business biographies [Z] // http://www. immigrantentrepreneurship. org/entry. php? rec = 32.
- [8] Arthur Hays Sulzberger. 维基百科. https://en. wikipedia. org/wiki/Arthur_Hays_Sulzberger.
- [9] Arthur Ochs Sulzberger. 维基百科, https://en. wikipedia. org/wiki/Arthur_Ochs_Sulzberger.
- [10] 王侠. 创造了《纽约时报》新时代的苏兹贝格 [J]. 新闻记者, 2013, 7.
- [11] Arthur Ochs Sulzberger Jr. https://en. wikipedia. org/wiki/Arthur_Ochs_Sulzberger_Jr.
- [12] 纽约时报公司出售《波士顿环球报》[N]. 纽约时报中文网, 2013 – 08 – 05.
- [13] 苏兹伯格家族：纽约时报不卖 [N]. 东方早报, 2013 – 08 – 09.
- [14] 杰罗姆：纽约时报要改朝换代, 小苏兹伯格开始寻找"灵童". 百度百家, 2015 – 11 – 03, http://jerome. baijia. baidu. com/article/215900.
- [15] 传承力量丨奥克斯·苏兹伯格家族：《纽约时报》家族宫斗史 [N]. 搜狐财经, 2018 – 02 – 14, http://www. sohu. com/a/222744931_ 99988833.
- [16] Iphigene Bertha Sulzberger. 维基百科, https://www. geni. com/people/Iphigene – Sulzberger/ 6000000008010894509.
- [17] 《纽约时报》家业之争：三兄弟谁能开启数字未来 [N]. 澎湃国际, 2015 – 09 – 01. http://www. thepaper. cn/newsDetail_forward_1370212.

5 华人与美国企业家族治理体系的比较

本书前两章分别介绍了以新加坡国际元立集团为代表的华人企业家族和以《纽约时报》为代表的美国企业家族治理的成功案例,在这一章我们将进行简单的比较分析,找出它们的共同点以及差异。

5.1 华人与美国企业家族治理模式的相同点

尽管华人企业家族与美国企业家族所处的外部环境存在巨大差异,但他们在家族治理模式上仍存在许多共同点。

5.1.1 家族目标与企业目标的兼容

家族系统与企业系统存在不同的决策模式和沟通风格,因此两者在需求和期望值之间存在着固有的紧张关系。2008年普华永道会计师事务所(Pricewaterhouse Coopers)执行的一项调查表明,三分之一以上的家族企业在考虑未来的企业战略时体验到紧张关系。而本书所研究的新加坡国际元立集团和《纽约时报》最大的共同点就是,实现了家族目标与企业目标的兼容,家族期望与企业需求达到一致趋同。

先来看看新加坡国际元立集团。陈氏家族的目标是家族和谐与延续。陈逢坤在2010年陈家庄元旦献词中提到:一个可持续的家族是要有共识的,一代传承一代、世世相传,祖先的创业辛劳目的就是要子子孙孙有"共同的信仰"——勤、俭、团结、谦虚、学习、以身作则、包容、爱家、助人。人的生老病死,可以在家族中找到生命的力量、人生的意义。因此,"爱家的意识"是陈氏家族核心价值观的表述。这种传统不但在创始人陈亚财身上体现,在第二代接班人陈逢坤不断创业的过程中也体现得淋漓尽致。在遭遇新加坡政府的养猪禁令后,陈逢坤寻找家族企业转型的考虑是开设超市,其中的重要原因之一就是,超市作为服务业可以比较好地解决陈氏家人的就业问题。后来他赴马来西亚开拓兰花种植事业,也是考虑到超市在新加坡市场的饱和度太高,为了给家族成员提供更有保障的生活条件才进行的。陈逢坤现在的理想是将"家"的理念扩展到企业,也就是将陈家庄的家族治理模式准确复制到企业集团内的所有事业体系。他认为,如果员工把企业当成家,一个企业就是一家人，企业中的每一个员工都有照顾这个家的责任，而领导者本着企业家的社会责任与家长的爱心经营事业，如此，"大家长式"的华人管理模式就可以永久传承下去，开创华人式管理的里程碑。他的理念在2009年正式出版的企业文化手册《为您做好每件事》里得以详细阐述。在其中，国际元立集团将其企业目标归纳成——"重塑共生、分享与和谐的世界"，这个企业愿景既包括了家族成员之间的和谐，也包括了与企业员工、消费者等在内的所有利益相关者之间的关系和谐。由此可见，新加坡国际元立集团的家族目标与企业目标也实现了"你中有我，我中有你"的兼容并蓄。

再来看中国香港李锦记集团。李氏家族的目标是家族和谐；李锦记集团的企业目标是：延续家族、打造中华民族的世界品牌、成为家族企业典范。从其企业目标的阐述来看，"延续家族"是企业的首要目标，而与此相关的"成为家族企业典范"也是显著区别于绝大多数家族企业的。第三代掌门人李文达先生曾明确提出"家族第一，企业第二"的观念，强调"家族利益高于企业利益"，致力于"通过家族的延续实现企业的延续"。第四代的李惠森先生也在多个场合强调"许多家族企业关注公司的延续，我们则更多关注如何让家族延续"。值得注意的是，李锦记家族成员的行为却处处以企业利益为先，这在他们制定的家族宪法中可以窥见一斑。比如，对后代家族成员进入企业的规定。在很多家族企业中，保障家族成员就业是企业的重要非经济目标，由于家族领导者对后代成员的利他主义，后者可以方便进入企业工作并轻松得到管理职务，这种不受制度约束的安排不仅损害企业内公平选择规制，而且还容易导致后代家族成员不思进取和逆向选择。李锦记的家族宪法从制度上防范了这种风险，规定后代家族成员进入家族企业必须经历在外面企业工作的磨炼，并经过与一般员工同样的甄选程序，根据工作成绩来选择任用①。借助这样的制度化安排，筛选出家族精英进入企业，既可以让脱颖而出的接班人自然取得家族成员和企业成员的共同认可，又能使企业获得真正的管理人才从而提升企业绩效。又如，李锦记家族宪法中有一条"为了避免家族成员过于主观，需邀请家族外专业人士参加家族会议"。邀请客观的第三方进入家族治理机构，可以为家族的重大决策提供无偏见的合理化的建议。家族是企业战略的关键制定者，家族决策质量的提升将增进企业战略的合理性。实际上，对于绝大多数家族企业来说，"家务事"是保密程度非常高的，而李锦记家族能够将最保密的事宜拿出来和外部专业人士一起讨论，这说明企业发展在李氏家族成员内心占

---

① 李锦记家族宪法规定：第五代家族成员如想加入李锦记，必须大学毕业后在外面工作3～5年，应聘程序和考核必须和非家族成员相同，如果做得不好就开除。

据了优先地位。

《纽约时报》背后的奥克斯－苏兹伯格家族也是一样行事的。他们将"保持家族团结"和"管理《纽约时报》"同时写入家族宪法的宗旨。奥克斯－苏兹贝格家族非常强调家族团结，比如第二代接班人伊菲珍仍然将家族外围成员（包括家族成员的前任配偶）视为家族的一部分。她经常为这些成员提供帮助，将他们凝聚在家族周围，客观上避免了这些前任在离婚之后可能产生的"离心力"（比如对家族怨恨或法律纠纷），既维护了整个家族的和谐，又确保了家族对《纽约时报》的管理。再如，在第三代接班潘趣执掌报社时期，对13位第四代家族成员进入的问题提出了以下原则：家族成员有在报社获得工作机会的权利，但是否能得到晋升必须靠成绩说话。为了做到考核的公平性，人力资源总监的职位必须由一个与家族无亲无故的独立人担任。这种公平竞争条款的设立对于不同家族分支相互之间的和谐共处非常重要，同时确保有能力的家族成员来管理《纽约时报》，这对于家族企业的可持续发展来说也是理性安排。《纽约时报》的企业目标是，始终追求新闻质量，坚持"公正报道新闻，无所惧，亦无所私，摆脱两党偏见，摒弃宗教分歧，不受利益所获"的言论原则，坚持"公众知情权"，坚持"刊载一切适宜刊载的新闻"。《纽约时报》的办报理念来自企业家族的创始人——阿道夫·奥克斯，他的后代们认为，要实现"公正报道新闻，不受任何利益控制"的办报途径就是确保家族对报社的控制，因为家族成员从小就被教育要保护《纽约时报》。由此可见，奥克斯－苏兹伯格家族的目标与企业目标有着相辅相成的关系。

以上三个案例的家族目标与企业目标见表5－1。

表5－1 三个案例的家族目标与企业目标

案 例	家族目标	企业目标
新加坡国际元立集团	家族和谐 家训：家和万事兴	延续家族 打造中华民族的世界品牌 成为家族企业典范
中国香港李锦记集团	家族和谐 家族价值观：爱家的意识	重塑共生、分享与和谐的世界
纽约时报	保持家族团结 管理《纽约时报》	确保新闻的正直性

资料来源：作者根据收集的资料整理而成。

5.1.2 确保家族对企业的股权控制

家族股权结构安排是家族治理体系的重要组成部分。尽管华人企业家族与美国企业家族在股权结构设计上有着根本差异，但其结果都是为了确保家族股权不分散，从而有效实施家族对企业的股权控制。企业家族为何要这样做？很多企业家普遍认为，拥有企业可以让家族成员作为一个整体共同从事事业，让他们产生一份共同的责任感和自豪感，让整个家族紧密地团结在一起。同时，企业所有权还给予家族成员获得领导权的机会——不仅是在企业发号施令，也可以让整个家族唯其马首是瞻。此外，成功的企业可以为整个家族带来尊重，让他们获得投身慈善事业并且服务社会团体的难能可贵的机会。如果没有家族企业的存在，家族成员可能根本不可能有这个平台和实力。很多家族会通过家族企业这个平台，与其他企业、行业或社会中的活跃领导者相连接。对于企业而言，家族所有权可以为企业提供更多的承诺，长远愿景和家族希望将企业传给后代的愿望可以使企业持续的时间更长。

在仅有第一代、第二代的小型家族里，股权会相对集中。但随着家族的繁衍，家族后代成员数量的增加，他们每个人依靠继承获得的股份数量会越来越少。逐渐稀释的股份对后代家族成员的影响会呈现减弱趋势，他们脱离家族的趋势也会相应增强。因此，抛售家族股份给外部投资者风险会增加。

对待以上问题，国际元立集团陈氏家族的处理办法是，陈家庄集体不分财产。从第一代大家长陈亚财开始，陈家庄就是陈亚财和二弟陈家来一起同居共财，所有家族财产由大家长陈亚财集中管理。在陈亚财去世后，第二任家族领导者陈逢坤与几位兄长核算清楚家产后协商议定：谁也不要动用家产，永远同心为家族事业奋斗。此外，国际元立集团至今坚持不上市发行股票。陈逢坤表示，股票上市可能造成因持股多少而分裂企业；另外，股票交易可能导致外部因素的进入而使企业文化受到影响。因此，他打算创立家族基金会来处理所有国际元立集团的资产，实现家族对企业的绝对控制。

采用家族信托基金在美国是非常普遍的做法，借此达到资产隔离、保值增值、财产传承及税务筹划等目的。与陈氏家族"不分家""不上市"的做法不同，苏兹伯格家族按照法律规定，将股份分配至每个家族后代成员名下。但是为了防止家族控制权的外流，他们的办法是通过《股权回购协议》保持股权在家族内部的流动，但所有家族成员的股份都放置在家族基金中托管，确保家族用一种声音说话。不过，家族信托也是有特定期限的，因此，要确保家族对企业的永续控制，信托协议也需要进行补充和调整。比如，为了确保家族对《纽约时报》的控制，阿道夫在遗嘱中规定：将《纽约时报》50.1%的普通股拿出来设立奥克斯信托基金会,由基金会而不是某个人控制《纽约时报》的所有权。信托基金所拥有的普通股将来在他的女儿伊菲珍去世后平均分给他的4个外孙。随着1990年伊菲珍·奥克斯去世,奥克斯信托在控制《纽约时报》53年后如约宣告终止,股权被分配给了她的4名子女。1986年,为了维护家族对《纽约时报》的控制力,第三代家族的4名成员一致同意以各自手里的股份,建立4个新的信托以作为奥克斯信托的延续。同样,他们也给这4个信托设定了有效期,信托在家族第三代及第四代最后一名家族成员去世后的21年之内持续有效。1986年成立的这4个信托,在企业决策上也做出了规定:《纽约时报》运营的决策,需要第三代的4名家族成员一致同意,方可执行。奥克斯家族的后代都非常争气,他们并没有在分到股权之后就各自打小算盘,而是选择抱团,决定团结起来,巩固家族的力量。1997年4个家庭分支决定把1986年建立的信托合并起来,成立1个新的单独的家族信托来控股《纽约时报》,在新的信托基金中,第四代的13位家族成员所占的股份相等。这种安排需要丹和杰斯(朱迪的儿子)做出很大的牺牲,因为他们那一支只有2个孩子。但为了家族公司的利益,苏兹伯格家族成员非常团结,尽管4个信托的解散期还没有到。新成立的信托仍然沿用此前4个信托的有效期限。随着信托的合并,家族第四代的成员开始加入信托受托人的行列中,受托人从原先的4名增加到8名①。相应地,企业的决策必须在这8个成员里面有6个成员同意才能通过。

与陈氏家族不上市的做法也不尽相同,奥克斯-苏兹伯格家族选择上市以获得融资。但为了不影响家族控制,他们先是采用双重股权制度,根据是否有表决权将股票进行分类,家族可以持有具有表决权的股份,而家族之外的投资者仅能持有不带表决权的股份②。家族持有很大比例的有表决权的股份,从而有效地阻止家族以外的投资者获得家族企业的控制权,进而将家族对企业的控制权与外界隔离起来。

尽管方式方法不同,但它们殊途同归。家族对企业实施股权控制的机制如图5-1所示。

---

① 《纽约时报》奥克斯家族:《家族信托成就百年传承》载,《搜狐理财》,2016-03-23,http://www.sohu.com/a/65242769_376921。

② 普通股和优先股的做法,然后进一步将普通股划分为没有选举权的A股和有选举权的B股的做法。

5 华人与美国企业家族治理体系的比较

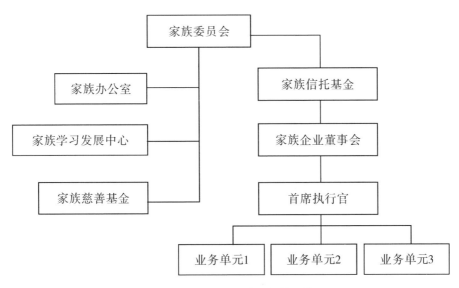

图 5-1　家族对企业实施股权控制的机制

5.1.3　增进家族成员之间的沟通交往

要达到家族团结的目标，必须为家族成员之间情感联系架设桥梁。尤其是当家族动态发展到第三代、第四代时，如何规避人情逐渐变淡、保持强有力的家族联系是家族治理面临的一个重要挑战。在这个问题的解决上，华人家族和美国家族的处理办法可谓是大同小异。核心思想就是，通过各种制度安排为家族成员相互之间的交往提供机会。三个案例中的家族都会定期组织家族聚会，或者家族集体出席各种与家族和企业相关的庆典纪念活动，以此增进家族认同感，凝聚家族力量。

在中国香港李锦记，家族委员会下设家族会议和"超级妈妈"小组。家族会议是全体家族成员（包括配偶）的沟通平台。根据情况不定期举行会议，讨论需要所有成员共同参与的家族内部事务，如每年一次的家族旅游；"超级妈妈"小组是专门为妈妈们交流后代培养经验而提供的沟通管道，家族内所有的妈妈都参加。

在国际元立集团，陈氏家族的做法更加典型。陈逢坤先生在20世纪90年代兴建的陈家庄庄园就有意识地设计了一套促进家族成员沟通的内部结构。陈家庄庄园内的每间房都设计成一模一样，都没有独立卫浴设备，也没有主卧室与普通卧室之分；另外，专门建造了供家族成员共同使用的10间浴室、8间厕所、2个大厅、1间大厨房、1间图书阅览室兼公妈厅。浴室、厕所、客厅、饭厅以及会客厅都是共用的,陈家所有小孩都被要求在图书阅览室做功课,同学来访也只能在这个空间进行交流,不可带进自家所属的房间。这样的设计便于家人通过公共空间进行相互交往,增进沟通。陈逢坤鼓励四世同堂、家族成员聚居的生活模式,他不反对家族成员搬出陈家庄,但在陈家庄长大的家庭成员享有教育津贴、书费补贴、校车服务等福利。现在家族成员已经发展到200多口人,陈家庄每年都会召开1~2次家族会议,向家族成员通报企业信息。

《纽约时报》的奥克斯-苏兹伯格家族在促进家族成员交流方面有两个特色之处:一是家族聚会的常态化;二是除了家族基金会和家族办公室之外,还成立了家族事业发展委员会与家族历史项目组。家族事业发展委员会主要是对在家族企业工作的家族成员进行客观评估,以确定不同的家族成员如何培训以及晋升的家族治理机构。目前这个组织每个月都会举办午餐会,一方面是促进第五代的3位继任候选人相互之间的沟通,另一方面是对他们进行新闻专业方面的培训。家族历史项目组是奥克斯-苏兹伯格家族颇具特色的家族机构,通过组织创办富有纪念意义的活动凝聚家族力量。比如第四代家族成员拍摄了创始人阿道夫的传记影片、出版了第二代关键人物伊菲珍的传记;成立了《纽约时报》历史项目组,组织汇编报纸的记录档案,用影片和采访录音来记录报纸的发展历史;筹办了《纽约时报》百年纪念庆典活动等。这些为家族成员的集体聚会提供了更多正式的场合,而且这些纪念活动大大地增强家族意识及其家族荣誉感,提高了家族凝聚力。

5.1.4 塑造家族共同的价值观

在整个家族治理体系里,家族文化和价值观是最为关键的构成要素。其他两个要素——家族协议和家族治理机构都只是执行家族价值观的工具而已。其中,家族协议是对家族价值观条文化和具体化的结果,其制定必须建立在开放沟通的基础之上,这恰恰是家族价值观践行的原则之一。家族委员会等家族治理机构是为家族成员沟通、共同决策提供的场所,也是家族价值观塑造与巩固的机制保障。由此来看,家族共享价值观是家族治理体系的灵魂。我们发现,在本书的三个成功案例中,企业家族都形成了超越各个家族分支、全面评估家族整体利益的共同价值观。

以李锦记为例,李文达先生将"思利及人"提炼为李氏家族的价值观。在他的培育下,家族第四代又进一步将"思利及人"解读为"换位思考""关注对方的感受"和"直升机思维"三个要点。这要求在李锦记家族内部,每个成员都从家族立场出发,而非个人角度考虑问题,自然就能减少内部矛盾的产生，促进家族和谐。家族第四代李惠森在《思利及人的力量》一书中曾提到一些家族治理设计的用意[1]。比如，家族会议最关键的是主持人，这个主持人不仅负责会前策划、会中执行、会后落实，也要兼顾与会者的情绪和感受。家族委员会的核心成员可以轮流做主持人，前一届主持人担任新主持人的"教练"，每一次会议后由所有参会者对会议和主持人进行评分，点评需要改善的地方。这个做法的用意是让大家走出自我的层面，站在"我们"的角度，从会议的效果出发，积极配合，这是一个从"我"到"我们"的过程。再如，李锦记为了促进成员之间的良性沟通，也从会议组织与规则上做了细致的安排。最典型的就是家族委员会在讨论关键事务时，先明确了行为规范，可接受的行为包括"我们大于我，坦诚表达，建设性回馈，畅所欲言、积极争论和对事不对人"，不可接受的行为则是"负面情绪、一言堂，我就是这样，言行不一致、人身攻击"。

国际元立集团的陈氏家族也是如此，从第一代的陈亚财到第二代陈逢坤，从没有站在自己的家系一支来看待问题，而是从家族整体来考虑问题，以"为整个家族提供更好的生活条件"为决策目标，是从"我"到"我们"的典范。

苏兹伯格家族在面临家族分支利益与家族整体利益矛盾时，毫不犹豫地选择牺牲前者成就后者的做法是家族共享价值观的深刻体现。比如，为了确保家族对《纽约时报》的控制，阿道夫在遗嘱中规定：将《纽约时报》50.1%的普通股拿出来设立奥克斯信托基金会，由基金会而不是某个人控制《纽约时报》的所有权。信托基金所拥有的普通股将来在他的女儿伊菲珍去世后平均分给他的4个外孙。伊菲珍1990年去世之后，奥克斯信托基金解散。该信托基金所拥有的普通股被分别放置进4个独立的信托基金。但是为了确保家族对企业的控制，苏兹伯格姐弟决定将4个独立的信托基金（占《纽约时报》B股的85%）合并成一个新的基金——奥克斯-苏兹伯格家族信托基金会。在新的信托基金中，第四代的13位家族成员所占的股份相等。这种安排需要丹和杰斯（朱迪的儿子）做出很大的牺牲，如图5-2与图5-3所示，他们两人的持股比例从合并前的1/8降到了1/13。但为了家族公司的利益，丹说："（杰斯和我）没从金钱的角度看待这个问题，我们考虑的是报纸和公司的使命。"

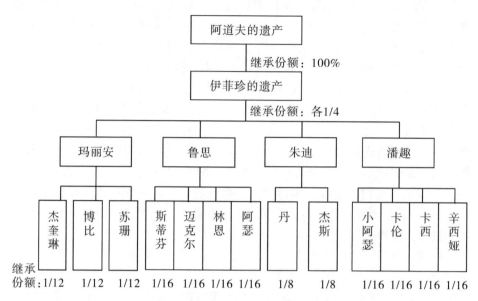

图5-2 信托基金合并前苏兹伯格第四代家族成员的持股比例

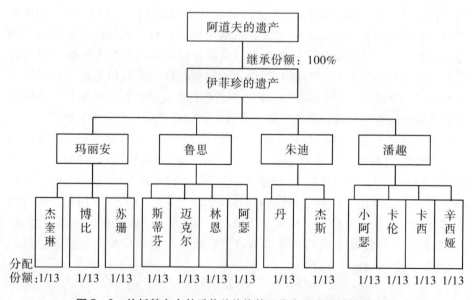

图5-3 信托基金合并后苏兹伯格第四代家族成员的持股比例

由此看来，构建家族共享价值观，让各家族分支站在家族整体利益上来考虑问题是家族治理体制的核心问题。解决了该问题，其他的制度安排就迎刃而解了。因此，李文达之前在中央台《对话》节目中说，价值观很重要，必须重点关注价值观和价值观教育，从小培养孩子们的价值观；使命、价值观、道位应该成为选择家族接班人的主要标准。

5.1.5 明确家族与企业的界线

家族企业必须明晰家族与企业两个场域的边界。国际元立集团陈氏家族在《陈家庄管理与福利制度》中总共有17个条款，其中第15-17条款就是专门对家族与企业的界限予以划分的。比如，第15条规定："家庭成员应尽力把所安排的工作做好。公司则按照个人职责、工作范围及表现决定个人工资"；第16条规定："过年除夕，家庭管理层将会按照个人情况决定家庭成员的红包及花红。在公司任职的成员将根据各自主管的评估及公司所设定的制度领取花红"；第17条规定："家庭管理层的成员现有陈逢坤、陈逢秋和戚志萍组成。如有更改，将另行通知。公司管理层由家庭管理层及外来人才组成"。

李锦记集团还专门制定了一个非常明晰的事务—角色关联表，详细规定了哪些事务属于家族事务，家族成员都可以关心；哪些事务属于董事会事务，由董事会成员关注；而哪些事务属于执行事务，由管理层负责。这些明确的规定若执行下去，对家族系统与企业系统的划分有很大帮助（参见表5-2）。我们没有获得《纽约时报》的奥克斯-苏兹伯格家族宪法确切的全部内容，但是从他们家族的家训（家族成员永远不得表示对公司职位有任何希望或期待）中可以合理推断，该企业家族对于家族—企业之间的边界有清晰的认识。

表5-2 中国香港李锦记集团的事务—角色关联表

项　　目	家族委员会	公司董事会	管　理　层
所有权传承	主要责任		
家族价值观	主要责任		
家族内部沟通	主要责任		
家族教育	主要责任		
家族关系	主要责任		
协助家族成员	主要责任		
解决家族纠纷	主要责任		

续表 5-2

项　　目	家族委员会	公司董事会	管　理　层
家族慈善	主要责任		
家族文化	主要责任		
家族和业务关系	主要责任		
公司主席挑选、委任权责和薪酬	主要责任	促进责任	
董事局结构（附属公司）	促进责任	主要责任	
行政总裁挑选	促进责任	主要责任	
财务监管	促进责任	主要责任	主要责任
业务与社区关系	促进责任	主要责任	主要责任
股息派发	促进责任	主要责任	促进责任
管理层继承	促进责任	主要责任	促进责任
公司慈善	促进责任	促进责任	主要责任
雇佣家族成员	促进责任	促进责任	主要责任
危机管理	促进责任	促进责任	主要责任
业务策略	促进责任	促进责任	主要责任
业务文化	促进责任	促进责任	主要责任
业务伦理	促进责任	促进责任	主要责任
制定发展策略		促进责任	主要责任
执行发展策略		促进责任	主要责任
雇员关系		促进责任	主要责任
管理层承继（CEO 之外）		促进责任	主要责任
管理层薪酬		促进责任	主要责任
高层管理聘用、解雇、退休		促进责任	主要责任
日常经营运作及管理		促进责任	主要责任

资料来源：作者根据调研资料整理所成。

5.2 华人与美国企业家族治理模式的不同点

5.2.1 所处的文化背景不同

中国企业家族早期主要依靠家长权威和基于儒家伦理的文化价值观来治理家族关系。其优势是，建立在情感和成对关系伦理义务基础上的双向利他主义可以促进家族内部的紧密合作。但与西方基于共同信仰的治理结构相比，这种基于血缘的治理结构缺乏长期稳定性，需要借鉴西方共享价值观模式加以重构，并借助正式治理结构来补充。

以国际元立集团陈氏家族为例。在第一代大家长陈亚财时代，陈氏家族的治理主要是依靠陈亚财先生的家长权威以及传统文化价值观来实现的。陈亚财在当时的身份是长兄和父亲，同时是家族农场的创始人，因此家长权威与企业职位权威合二为一。此外，陈亚财老先生严于律己、克勤克俭的品质对家人的行为形成了一种天然的影响力；第一代家长夫人则身体力行，不断教育孩子必须学习包容礼让的精神。他们在日常生活上的表率形成魅力权威，对家族成员的行为产生了潜移默化的影响。因此，陈家庄的家族治理在第一代创始人控制下非常稳定。但是，第二代接班人陈逢坤并不具备父亲天然的家长权威，因为他是父亲陈亚财先生的最小的儿子（在中国，长子还是具有一定的身份权威），上面有自己的9个亲哥哥还有2个堂哥。尽管后来通过一系列成功的创业行为获得了企业中的职位权威，但缺乏了父亲那样的家长权威，如何才能确保开枝散叶的大家族实现长治久安？仅仅靠血缘关系的维系以及父亲时代遗留下来的家族文化是不够的。陈逢坤尝试将儒家伦理中有价值的成分剥离出来，比如从儒家文化中汲取"修身""爱家"的观念，强调善待家人，爱护子弟、培养后代的基本原则，将这些提升为家族团体内部的共同信仰，并建立起家族内部推广和强化价值观的制度安排。他深刻认识到价值观的传承不能单纯依赖于每一个核心家族各自的家庭教育，故积极借鉴西方的实践，利用家族内的正式治理（家族治理机构）建立强化价值观的渠道、方式，力图构筑一个传承价值观的制度基础，以此来凝聚开枝散叶后的庞大家族。目前的陈氏家族仍保存了完整的中华文化传统精神与价值观，实现了"聚族而居、四代同堂"的家族理想，是一个具有典型意义的案例。

李锦记集团的家族治理体系较多地学习了西方企业家族，但仍有一些细节透露出华人家族治理的特点。比如，李锦记家族年年都要祭祖，而祭祖正是中华民族敦亲睦族、行孝报德的具体表现。除了"祭祀先祖、缅怀先恩"，现在的祭祖活动还具备了一些新的功能——宗亲相聚、交流情感、互通信息等。又如，李锦记家族宪法中还包括李文达与第四代5个儿女非正式的三条约定：不要晚结婚、不准离婚、不准有婚外情。李文达注意到很多家族生意没落，完全不是因为自身能力问题，而是家族结构的混乱，因此他与子女约定，若违反"不准离婚""不准有婚外情"条款的话将自动退出董事会，仅保留股份，在家族委员会和企业决策中不再享有发言权和决定权。实际上，该条款主要是理念性的，依靠的是李文达先生的传统权威和子女们的道德执行，本身并没有正规法律执行的效力。

奥克斯-苏兹伯格家族是具有犹太背景的美国企业家族，虽然犹太人和中国人一样都极其重视家庭，但他们在处理家族成员之间关系的时候仍保留了个人主义特色。比如，伊菲珍的4个子女——潘趣和他的3个姐姐，尽管掌管着《纽约时报》，但在生活上他们却保持着惊人的互不干扰关系。与陈氏家族聚族而居的做法截然不同，奥克斯-苏兹伯格家族成员之间保持着高度的个人独立性，但其家族凝聚力却很强。基于文化传统，西方社会的价值观中强调个人权利与平等，在家族合议中也主要以投票方式形成家族决定。而在具有儒家传统的中国，民主集中制是兼顾现实与面向未来的选择，家族企业的创始人有足够权威调解家族内部纠纷，大家长的权威能够起到定海神针的作用。

5.2.2 所处的法律制度不同

（1）家族信托法律方面的差异

为了维护家族团结，陈氏家族没有分家。也就是说，家族成员不持有国际元立集团的股份。这种做法既可以避免股权分配过程中可能产生的冲突，又能通过家族集体持股的方式保持对企业的绝对控制。陈氏家族的做法在中国内地的企业家族中具有相当的代表性。而奥克斯-苏兹伯格家族成员的家族股权分配比较明晰和透明，比如在家族创始人阿道夫的遗嘱中就对4个外孙（女）的股份进行了分配，只不过通过家族信托基金会统一托管而已。为何中国内地的企业家族没有效仿西方的普遍做法设立家族信托基金呢？主要的原因还在于两国在家族信托法律方面存在差异。

要讲清楚这个问题，我们必须先搞清楚一般的家族基金会与家族信托基金的区别。无论是中国还是外国，基金会都是一种服务于公益目的的非营利性机构。在中国，基金会是指按照相关条例的规定而成立的，利用自然人、法人或其他组织捐赠出的财产，以从事公益事业为目的的非营利性法人。其宗旨是通过无偿的资助，来促进社会的科学教育以及社会福利救济等具有公益性质事业的发展。在2004年颁布实施《基金会管理条例》之前，中国富人做慈善通常只是开支票做捐赠，但在 2004 年之后，中国富人可以自己成立非公募基金会来做慈善。基金会在美国也具有非政府性、非营利性的特征，是自然人、法人或其他组织利用自有资金用于教育、社会、慈善、宗教等公益用途的机构。比如比尔·盖茨与妻子梅琳达共同设立的基金会有数百亿资产，主要支持的是全球卫生和教育领域的慈善活动。因此，家族基金会在本质上是公益特性的，尽管很多家族基金会在维持家族声誉和社会地位做出了巨大贡献，但是就控制权而言，家族基金会并不是能起到关键作用的途径。换句话说，家族基金会对维持家族企业控制权的作用是间接的，因而不认为是一种独立的控制权工具，而仅仅是辅助作用[2]。

接下来，重点来了解一下家族信托基金。与一般的家族基金不同，家族信托基金的核心是"信托"（Trust）。委托人将其财产交予受托人，让受托人根据创立人的主旨，为受益人之利益或为特定的目的，对财产进行管理或保管的行为。家族信托作为信托的一种，是一种很好的管理家族资产的方式，在外国被广泛使用。家族信托之所以成为家族（企业）常用的工具，得益于家族信托是一个兼具家族（企业）财富保护、管理与传承功能的法律构架，并且在海外市场拥有成熟的法律制度与市场机制予以保障[3]。家族信托有以下几个功能：①家族信托的隔离功能。信托财产独立于委托人的其他财产，因此不受委托人婚姻关系变动的影响，一般也不受委托人的债权债务以及被宣告破产等情形的影响。委托人通常将信托资产置于特定属地（比如英属维京群岛、开曼群岛、泽西岛、百慕大群岛、巴哈马群岛、库克群岛、塞浦路斯、根西岛、新加坡、马耳他等），且这些特定属地通常具有客户信息保密原则①，还可以避免财产外露引发的风险。②家族信托的管理功能。财富家族可以通过家族信托来实现家族财产的集中持有、集中管理和集中分配，维持家族企业股权的稳定性，避免家族规模扩大后导致的家族财产分散的风险。比如，阿道夫设立的奥克斯信托基金会，持有《纽约时报》公司 50.1% 的普通股，由信托基金会而不是某个人控制《纽约时报》的所有权。信托的受益人是阿道夫的妻子埃菲和女儿伊菲珍。在阿道夫去世后，他的遗孀每年都可以从基金会获得一笔收入；如果妻子埃菲去世，则是他们的女儿伊菲珍获得这笔收入。③家族信托的传承功能。根据具体国家和地区的所得税法不同，经过合理设计的家族信托，

---

① 在世界上大多数国家的立法下，家族信托的设立以及管理的过程中，信托相关文件不必对外进行登记或者公示。部分离岸地甚至允许将信托的相关信息对受益人、行政机关进行保密。比如英属维京群岛的信托法就明确规定，无需就信托契约及相关附随信托文件在政府部门或者管理部门进行登记。

可以减少一定的遗产税或所得税,最大程度地保留家族财富。与迄今有700多年历史的海外家族信托相比,国内从2013年才有平安信托发行的第一只家族信托。因此,中国内地的家族信托仍处于起步阶段,尚不能作为一种能进行安全资产隔离的妥善工具为中国的企业家族服务[4]。具体来看,国内家族信托和海外家族信托的差异可以归结如下(见表5-3):

第一,法律体系的完善程度决定了信托对委托人财产保护的程度。目前国内法律还不完善,给信托内的资产安全造成了极大的不确定性。比如,国内富人对股权类家族信托的需求比较迫切,除了股权信托需要登记才生效外,在实操中最大的障碍是股权转让涉及高额的所得税等。这也是国内富豪(SOHO中国的张欣、潘石屹,玖龙纸业的张茵、刘名中,龙湖地产吴亚军等)不约而同地选择建立海外离岸家族信托①的根本原因。

第二,海外家族信托内的资产可以有境外的现金投资组合等金融资产、私人公司或上市公司股权、商用或住宅房产、飞机游艇、古董红酒艺术品等各类资产。目前国内信托法的配套法律不完善,信托内的资产主要是境内的现金和保单;对于其他资产的持有,如股权、不动产、珠宝等,尚未有明确的法律规定。不少富豪的财产中都有大量不动产,这部分财产不能纳入信托将是制约国内家族信托发展的一大障碍。

第三,保证私密性是委托人对家族信托受托人的首要要求,为了避免纷争及安全起见,富豪们普遍不愿透露自己的信托计划。我国信托登记生效的原则规定,信托财产需要办理登记手续的,只有依法办理登记信托才能产生效力。这将对委托人设立家族信托的积极性产生重大影响。另外,在国内,如果司法需要,受托人必须配合公开相关信托计划,这一点更使国内家族信托的财产保密功能大打折扣。

第四,海外高额的遗产税是家族信托出现的重要原因,也是家族信托在国外如此受欢迎的原因之一。我国的遗产税一直没有出台,家族信托的税务筹划动机并不强烈。此外,财产登记制度是征收遗产税的重要一环,我国现在还未对私人财产采取财产登记制度,人们的财产并不透明,富人们的家财往往难以确认,这为推行遗产税带来了一定难度。家族信托产品的避税功能需要我国法律的进一步发展。

---

① 离岸信托是指非离岸管辖区居民的委托人在离岸管辖区设立的信托。

表5-3 海外家族信托与国内家族信托的比较

比较维度	海外家族信托	国内家族信托
法律完善程度	信托法的相关配套法律非常完善。承认信托的作用,抑或对其相关司法问题有较为清晰说明: ① 公司法 ② 遗产分配制度继承法 ③ 婚姻法 ④ 税法	目前信托法的配套法律还不完善,如下重大相关法规几乎空白: ① 公司法对信托持有私人公司或上市公司股权的规定 ② 遗产分配制度及继承法对信托内财产的相关规定 ③ 婚姻法对夫妻间财产设立信托的规定 ④ 税法对信托内财产的纳税规定
信托架构	利用离岸公司法人来规划委托人的各类资产: ① 持有资产类别多 ② 财产所有权变更方便	一般以信托基金或信托计划等非法人的形式呈现: ① 仅能持有境内现金和境内保单 ② 财产所有权变更成本高
信托财产保密性	隐蔽性强。法律认可及保护,允许信托公司不向任何机构、组织或个人披露信托内的财产(信托上市公司股权需要披露,但不披露股权受益及分配情况)及分配安排,而且信托内的财产全部由离岸公司持有,离岸公司的股东和董事是不对外披露的,具有财产隐私的保护作用	我国信托登记遵循的是"登记生效主义"原则,信托财产需要办理登记手续的,只有依法办理登记信托才能产生效力。因此,在我国,委托人以需要办理登记手续的家族财产设立信托,必须将其财产进行登记公示
税务筹划	如果是非恶意设立的信托,架构设计合理的话,可以规避遗产税;合法利用离岸公司架构筹划其他方面的税务,例如企业上市前将股份注入信托,上市时可减免一些印花税等	目前我国的遗产税一直没有出台,家族信托的税务筹划动机并不强烈;中国配套法律(税法、公司法)对于股权转让设置股权类家族信托没有针对性的规定
信托内资产投资	境外信托公司属于"金融咨询公司",完全不做投资	信托资产的持有人和投资管理人是同一机构,即信托公司

资料来源:海外家族信托与国内家族信托有何不同?中国信托网,2015-10-23.

第五,英美法系认为,信托的基本职责是财产规划、资产保全和财富传承，若要做好资产保全工作，就必须最大限度地降低风险，而任何投资皆有风险，因此境外信托公司不做投资，也不被允许去做投资。委托人信托内的金融资产需要增值，可以委托家族办公室、私人银行、私人投资顾问、资产管理公司等专业投资咨询机构或资产管理机构作为该信托的投资经理。通过受托人对信托内资产的年度会计核查结果，可以清楚了解该委任投资经理的年回报率是多少，低于委托人预期的，委托人有权更换其他投资经理，即信托资产持有权和投资权分离。国内的家族信托，信托公司同时兼任了投资经理的角色，对信托财产负有保值和增值的责任。因此，在国内，信托更多地被当作一种投融资工具，很少有人把信托和财富管理等同起来。

（2）股权结构法律方面的差异

除了家族信托法律方面的差异之外，股权结构的法律也是影响华人与美国企业家族治理的重要因素，因为对于股份公司来说，控制权的维持与股权融资之间总存在着一种紧张关系。每一次股权融资都会造成对控股股东股权的稀释，随着融资次数的增加，控股股东股权比例会下降到担心失去控制权的程度。如果允许公司根据自身情况安排不同的股权结构，如发行无投票权股或超级投票权股份，那么控制权与股权融资的这种紧张关系就可以得到缓解，不同投票权股的发行会使大股东的控制权免于股权稀释的冲击[5]。这也是双重股权结构出现的根本原因。

双重股权结构（dual-class share structure）也称为二元股权结构、双重股权制，在持股数量相同的情况下，基于持股等级的差异，部分股东可获得更多的投票权。与通常的一元制股权中一股一票、股东投票权一致的公司表决结构不同，双重股权结构中的优级股（通常是 B 股）每股所拥有的表决权大于一般股（通常是 A 股）[6]。双重股权结构在世界范围内被广泛采纳，但具体到每个国家（地区）则有所不同。允许双重股权并能接受各国企业上市的，主要是美国和加拿大，且多集中在媒体文化产业。表 5-4 提供了截至 2006 年 1 月 30 日，根据市值排名的家族对美国最大公开交易的报纸公司的控制情况，在 12 个上市的报业公司中，就有 9 个家族采用了双重股权结构。

很多公司创立者和有些投资人支持双重股权结构，因为他们认为双重股权可以带来以下好处：①有利于公司长远发展。当控制权掌握在创始家族手中，他们会有长期的发展目标并通过长远投资行为来增加公司的整体价值，减少或避免盲目追求短期市值而急功近利的投资行为。②防止恶意收购。有投票权的股权绝大多数控制在家族手中，能够有效克服集体行动困难的问题，是防止恶意收购行为的有效屏障。相关的实证研究表明，恶意收购对美国的双重股权公司几乎无能为力。③有利于公司融资。双重股权结构满足了创始人或投资者对股权结构的灵活设计，使他们在公司进行股权融资之后，在不持有大多数股份的前提下仍能保持对公司的控制权。④满足投资者多样化的投资需求。有的 A 股虽然没有投票权，但是享有优先分红或分配剩余利益的权利，这可以满足那些注重收益、规避风险的中小投资者的投资需求，他们对行使投票权参与管理并没有太大兴趣。

表 5-4 美国最大市值的 12 家家族报业公司股权结构（截至 2006 年 1 月 30 日）

基本资料			家族所有权/控制			发行在外的普通股/千股		
公司	创始年	创始/控制家族	股票所有权	投票控制权	董事会控制权	A 类	B 类	总数
论坛报	1847	马康米克	13.70%	13.70%	8.30%	302338	–	302338
		钱德勒	12.20%	12.20%	25.00%			
哥耐特	1906	哥耐特	不足 1%	不足 1%	0%	238096	–	238096
E.W. 思科瑞普	1878	思科瑞普	45.60%	45.60%	66.70%	127114	36668	163782
华盛顿邮报	1933	格雷厄姆	58.80%	76.80%	70.00%	1722	7880	9602
奈特-瑞德	1892	瑞德	1.90%	1.90%	10.00%	67910	–	67910
纽约时报	1896	苏兹伯格	20.00%	20.00%	70.00%	144342	834	145176
麦克莱奇	1857	麦克拉奇	49.40%	81.00%	75.00%	20609	26207	46816
道琼斯	1882	班克罗夫特	28.80%	62.20%	56.30%	63003	20211	83214
百乐公司	1876	戴克德	16.20%	62.80%	81.00%	90040	15122	105162
李氏企业	1890	斯科莫	6.20%	25.50%	62.20%	38731	6937	45668
通用媒体	1879	布莱恩	7.50%	7.50%	70.00%	23501	556	24057
侯凌志国际公司	1985	布莱克	34.60%	74.00%	72.70%	74045	14990	89035

资料来源：哈佛商学院_纽约时报案例。

但也有人指责双重股权实际上导致了管理中的专制和独裁的存在。他们批评说双重股权结构绝非公平，因为公司创建者和控制人尽管只提供了小部分的资本但却拥有与其提供资本不成比例的、大得多的控制权，而一旦他们做出了错误决定，所承担后果也很有限[7]。这种观点的理论基础是投票权与剩余索取权匹配原则[8]①。针对双重股权结构可能破坏了股东平等的问题，有学者提出反驳意见[9]：首先，表面上看，创始人拥有较少的股份却要求拥有较多的表决权是不公平的。但这是在法律没有把股东的能力和非财产资源量化为股份的情况才产生的情况。创始人只有具有超越一般人的能力或资源，才有可能让公司在激烈的商业竞争中脱颖而出。然而，这些能力和资源最终没能形成公司股份，这对于创始人来说可能并不公平。因此，那些拥有出众经营能力和众多资源（如关系网众多等）的创始人或管理层应当拥有更多的经营权力。此时，更多表决权的赋予可算做是对能力和资源不能化作股份的补偿。其次，表面上看，如果经营失败，创始人尽管拥有较多的表决权，但却承担较小的损失。事实上，创始人所失去的远远不止于公司财产的经济价值，更多的是社会情感财富，而后者往往是许多家族企业追求的重要目标[10]。因此，双重股权结构符合风险配比法则（见表5-5）。

表5-5 双重股权制度与同股同权制度的比较

比较维度	同股同权	双重股权
理论基础	剩余索取权和表决权配比原则	符合风险配比法则
主要优势	● 股东民主（挖掘股东会制度的资源，坚持股东集体参与决策）； ● 股东平等	● 满足家族企业反并购需求； ● 鼓励控股家族向公司投入更多资源和承诺，比如根据长期目标进行长远投资等行为，以增加公司的整体价值； ● 满足控股家族对资本治理结构的灵活设计，让他们在公司进行股权融资后，在不持有大多数股份的前提下仍能保持对公司的控制权

---

① 芝加哥大学法学院的丹尼尔·R.费希尔（Daniel R. Fischel）教授曾从代理成本的角度详细阐述了一股一票的原因，认为"投票权与投票者在公司中的剩余利益（residual interests）如影随形，剩余利益的相等份额必须带有相同的表决权重，否则在公司管理层面，将产生不必要的代理成本。若投票者的表决权与其剩余索取权不成比例，则他们无法获得自己努力所带来的等同于其表决权比例的利益份额，也无须按其表决权比例承担可能造成的损失，这（利益和风险机制的匮乏）使他们不可能做出理想的选择"。

续表 5-3

比较维度	同股同权	双重股权
主要劣势	限制了以超级表决权股为代表的双重股权结构的运用，制约了像阿里巴巴公司那样的新经济企业的发展，导致境内双重股权架构企业只能到境外发行上市	● 挑战同股同权原则和股东民主原则； ● 易产生控股股东对中小股东利益的侵害； ● 反并购效应会大大增加并购交易的难度，使资本市场的竞争作为公司外部监督机制的作用削弱； ● 会产生对控股股东难监管的问题

资料来源：作者根据收集资料整理而成。

除了挑战传统公司法领域的同股同权原则和股东民主原则之外，双重股权结构可能存在以下劣势：①控股家族利用关联交易等不正当手段攫取公司财富的"隧道行为"可能更严重，易产生控股股东对中小股东利益的侵害；②反并购效应会大大增加并购交易的难度，使资本市场的竞争作为公司外部监督机制的作用削弱；③控股家族会影响公司利益的重大决定，这不再需要征得其他股东的同意，股东大会的监督作用形同虚设。

尽管有一些潜在的弊端，但双重股权结构还是在美国、加拿大等发达国家的市场中应用，尤其是被那些由家族控制的企业或被少数控制人掌控的公司所青睐[11]。在我们的案例中，美国《纽约时报》的奥克斯-苏兹伯格家族运用双重股权结构完美地实现了公司上市融资与家族控制的目标；而李锦记和新加坡国际元立集团都没有选择上市。为此，我们专门查询了相关资料，发现中国香港地区在20世纪70—80年代曾经短暂试行过双重股权结构，但在引发风波之后，1989年12月中国香港联合交易所修订条例，规定除特殊情况外，不再考虑公司双重股权结构[12]。不过，港交所最近宣布，从2018年的4月30日起将接受采用同股不同权架构的公司赴港首次公开募股（IPO），并在2018年7月31日前展开新咨询，探究是否允许以企业身份持有特殊股权架构的申请人在港IPO[13]。在新加坡，双重股权结构曾经一度被抵制。根据2006年新加坡公司法的第64A条的规定，除报业公司根据《报纸和印刷出版法案》发行的管理层股票外，公司发行的任意一只普通股应被授予具有在公司股东大会投票时的一票表决权。但情况在2011年发生了变化，新加坡财政部指导委员会在审查公司法的过程中提议做相应修改，以允许上市公司发行无投票权的股票和携有多投票权的股票。经过充分考虑公众咨询意见后，修订后的新加坡公司法第64A条取消了原先对公众公司一股只包含单一投票权的限制，允许公众公司发行包含不同投票权的股票[14]。由此可见，不论是中国香港还是新加坡，双重股权结构的实施都不像在美国的那样稳定和成熟，这极有可能是李锦记集团和国际元立集团没有选择上市的关键原因之一。我国《公司法》第127条、第132条严守一股一权原则，实践中也不允许上市公司发行不同投票权的股票。

5.2.3 社会信任程度的差异

关于华人社会信任问题的讨论已经形成了一些影响持久而广泛的理论观点。比如韦伯（1995）认为，中国人的信任不是建立在信仰共同体的基础之上，而是建立在血缘共同体的基础之上，即建立在家族亲戚关系或准亲戚关系之上，是一种难以普遍化的特殊信任[15]。福山（1998）更进一步将人际信任扩展到关于社会信任的分析探讨之中，认为诸如中国、意大利和法国这样的国家，一切社会组织都是建立在以血缘关系维系的家族基础之上，因而对家族之外的其他人缺乏信任，这样的社会是一种缺乏普遍信任的社会[16]。

社会信任程度的差异对于家族企业的职业化管理有重大影响。在本书的案例里，陈氏家族是新加坡国际元立集团的控股股东，而且家族成员也占据了企业集团的绝大多数关键管理职位。根据资料显示，当今掌门人陈逢坤是国际元立集团总裁，其妻子戚志萍担任上海太阳岛养护部、农业部的副总裁；陈逢坤二伯的儿子陈逢秋是集团副总裁，其妻陈婉芳是负责集团贸易和超市的常务副总。陈逢坤的侄女陈秀莊（三哥陈逢木的女儿）及侄子陈永兴（四哥陈逢钦的儿子）分别担任了国际元立集团百美超市的总经理和中央配送部高级经理职务。陈逢坤的长子陈永绍2010年在英国完成学业后进入集团工作。他协助父亲成功创办了泰生厨房，延伸了家族企业集团的产业链条；目前他担任的职务是总裁助理，主要负责集团的设计总策划以及泰生天地、中医汇和上海新加坡国际学校。陈逢坤的长女陈秀慧毕业自美国普渡大学，专业是酒店管理，目前为上海太阳岛负责营运的副总。陈逢坤的幼女陈秀虹新加坡国立大学毕业，目前在集团总部商务销售部担任副总监。除此之外，五哥陈逢华的女儿陈盈盈在上海国际学校担任校董助理，其儿媳黎文玉则是行政部（人力资源）的高级经理。陈秀玲是六哥陈逢存的女儿，目前在上海太阳岛养生研究员担任常务副总职务。大哥陈逢扬的儿媳梁美云、三哥陈逢木的孩子陈秀彬以及四哥陈逢钦的儿媳唐丽萍都在集团各部门担任财务部主任。总的来看，新加坡国际元立集团的所有权与管理权都高度控制在家族手中，职业化管理的程度还比较低。这与华人社会独特的身份认同和人际关系特征不无关系。

与此相比，纽约时报公司引入职业经理人的程度比国际元立集团高得多，比如第三代掌门人潘趣在考虑接班候选人时，在公司任职的第四代家族成员只有5个，1个是他自己的儿子小阿瑟，还有他的4个外甥（女）——迈克尔·戈尔登、苏珊.德富勒斯、斯蒂芬·戈尔登以及丹·科恩。随着家族繁衍，苏兹伯格家族到第五代已经发展到的27个成员，但也仅有6人在《纽约时报》任职。由此可见，纽约时报公司的职业化管理程度还是比较高的。

实际上，职业经理人在奥克斯－苏兹伯格家族的治理中发挥了不可忽视的作用。第一，与苏兹伯格家族的掌门人一起讨论、筹划家族成员在未来高层管理中扮演的角色。比如阿贝·罗森塔尔、特纳·卡特里奇和沃尔特·马特森在协助苏兹伯格家族制订可行的接班计划上做得比较成功；而反面案子就有兰斯·普瑞密斯，他因为处处为家族后代进入《纽约时报》设置障碍、对家族及其所体现的价值观缺乏尊敬而被驱逐出公司。第二，担任家族成员的职业导师，悉心指导家族成员了解管理。比如马特森身兼苏兹伯格家族子女的职业顾问，要手把手地教苏兹伯格家族成员如何做出管理决策（包括做出决策的理由以及实施过程等）。第三，客观地对家族成员的能力进行评估，并出面将其中不合适在报社工作的成员体面地打发走。为了培养家族成员，苏兹伯格家族专门成立了"家族事业发展委员会"，首届委员包括第四代掌门人小阿瑟、董事会副主席迈克尔·戈尔登（鲁思的儿子）、《纽约时报》CEO和人力资源总监。他们针对第五代的3位继任候选人制订了详细培养计划。此外，他们还聘请了心理学家为这3位继任候选人进行心理评估。

由此可见，社会信任作为家族企业的外部环境也会对企业家族的治理措施产生影响。在以特殊信任为代表的华人社会中，家族企业的职业化程度普遍较低；而在普遍信任较强的社会中，家族企业的职业化程度会高许多，职业经理人也会在企业家族的治理中承担部分职责。

5.3 相关结论

综上所述，我们对华人企业家族（以李锦记家族与新加坡国际元立集团陈氏家族为代表）和美国企业家族（以纽约时报公司为代表）的治理设计进行了比较研究，两者的异同可以用表5-6进行归纳总结。

我们的研究发现：不论是华人还是美国的成功企业家族，其治理会有一些共同点，简要来说是：①家族目标与企业目标兼容；②确保家族对企业的股权控制；③增进家族成员的沟通交往；④塑造家族共同的价值观；⑤明确家族与企业的界限。

不过，由于企业家族所处的外部环境的差异，因此华人与美国企业家族治理设计存在显著差异：①家族文化会受到所处文化背景的影响。这里的文化背景既包括社会主体文化，也包括亚文化。即使是同处儒家文化圈的新加坡和中国香港，其所处的亚文化不同，企业家族的文化也会有较大差异。②不同国家关于家族信托、股权结构设计等法律制度的差异，将会对企业家族协议的构成与内容产生根本影响。③企业家族所处社会信任环境的差异，将影响家族治理机构中职业经理人、外部专业人士的参与程度。

家族治理的跨国比较研究是一个非常有趣的话题，本章仅仅做了一个初步探索，希望能起到"抛砖引玉"的作用。笔者今后会继续挖掘不同国家成功与失败的企业家族历史资料，以深化家族治理跨文化比较方面的研究。

表5-6 华人与美国企业家族治理设计的比较

比较		华人企业家族		美国企业家族
		国际元立集团陈氏家族	李锦记集团李氏家族	纽约时报公司奥克斯-苏兹伯格家族
不同点	家族文化	外部文化环境：儒家文化 家族文化：强调通过儒家伦理达到家族和谐目标	外部文化：儒家文化和西方文化 家族文化：年年祭祖、"思利及人"具有儒家文化特色，但家族内部强调民主沟通达到和谐目标	外部文化：犹太文化+美国文化 家族文化：尊重家族成员个体独立与平等条件下的家族团结
	家族信托协议[注1]	家族成员个体不持有股份 拟采用家族信托集体管理家族股份	未对外披露	家族成员持有的股份均等 家族信托集体管理家族股份
	家族股权控制设计[注2]	新加坡从2011年调整法律，允许双重股权结构，但应用不普遍 家族企业不上市，避免控制权外流	中国香港自1989年12月起不接受双重股权结构，直至2018年4月30日 家族企业不上市，避免控制权外流	美国实施双重股权制度较为成熟和稳定 家族企业已上市，采用双重股票结构实现了对外融资和家族控制

续表 5-6

比较		华人企业家族		美国企业家族
		国际元立集团陈氏家族	李锦记集团李氏家族	纽约时报公司奥克斯-苏兹伯格家族
不同点	家族治理机构的外部人参与程度	特殊信任为主，家族企业职业化管理程度不高 职业经理人参与家族治理机构的程度较低	兼有华人社会与西方社会的信任，家族企业职业化管理程度一般 邀请家族外专业人士参加家族会议	普遍信任为主，家族企业职业化管理程度较高 职业经理人和现任家族领导者共同组成"家族事业发展委员会"，协助家族进行下一代家族成员的培养规划和能力评估
相同点		● 家族目标与企业目标兼容 ● 确保家族对企业的股权控制 ● 增进家族成员的沟通交往 ● 塑造家族共同的价值观 ● 明确家族与企业的界限		

注：① 中国内地的家族信托刚刚起步，相关法律还不完善，还不能作为家族股权控制的有效手段；
② 中国内地严守一股一权原则，实践中也不允许上市公司发行不同投票权股票。

参考文献

[1] 李惠森. 思利及人的力量（升级版）[M]. 北京：中信出版社，2012.
[2] 王光明. 家族基金及其中国实践 [Z]. 家族企业传承与法律风险管理论坛. http://finance.eastmoney.com/news/1586,20121103257583114.html.
[3] 谢玲丽，张钧，李海铭. 家族信托——全球视野下的构建与运用 [M]. 广州：广东人民出版社，2015.
[4] 英大国际信托有限责任公课题组. 家族信托：财富传承的奥秘 [M]. 北京：经济管理出版社，2015.
[5] 张舫. 美国"一股一权"制度的兴衰及其启示 [J]. 现代法学，2012（2）：153-164.
[6] 蒋学跃. 公司双重股权结构问题研究 [J]. 证券法苑，2014（4）：40-57.
[7] 魏勇强. 双重股权结构是公司资本结构的合理选择吗 [J]. 特区经济，2012（10）：116-118.
[8] FISCHEL D R. Organized exchanges and the regulation of dualclass common stock [J].

The University of Chicago law review, 1987, 54（1）: 119 – 152.

[9] 户盼盼. 双重股权结构制度及其立法引介 [J]. 商业经济研究, 2016（22）: 118 – 119.

[10] 朱沆, 叶琴雪, 李新春. 社会情感财富理论及其在家族企业研究中的突破 [J]. 外国经济与管理, 2012（12）: 58 – 64.

[11] 韩宝山. 双重股权: 典范还是寄生虫 [J]. 企业管理, 2018（1）: 112 – 115.

[12] 双重股权结构效果尚需观察 [N]. 长江商报, 2013 – 09 – 13.

[13] 港交所: 允许双重股权结构公司上市 [N]. 长江商报, 2018 – 04 – 25.

[14] 陈彬. 双重股权结构制度改革评析——新加坡公司法的视角 [J]. 证券市场导报, 2016（7）: 3.

[15] 韦伯 Y M. 儒教与道教 [M]. 北京: 商务印书馆, 1995.

[16] 福山 F. 信任: 社会道德与繁荣的创造 [M]. 上海: 远东出版社, 1998.

6 中国内地企业家族治理的探索尝试

中国内地企业家族都是从改革开放后成长起来的，经过 30 多年的发展，正陆续经历代际传承的关键环节。根据前面理论的阐述，这些企业家族开始面临家族治理的重要契机。不过，代际传承涉及的股权在下一代之间的分配以及管理职位的继任等问题，都是企业家族不愿意公开的，因此，本章选择的案例主要来自四个资料可得的企业家族——广东万和卢氏家族、江苏罗莱薛氏家族、浙江华茂徐氏家族和新光周晓光家族。通过接受媒体采访和出版企业（家）传记等方式，这四个企业家族披露了各自家族治理设计的一些想法与思考。接下来，我们来看看这些中国内地企业家族在家族治理方面有哪些新的尝试。

6.1 广东万和卢氏家族的治理设计

6.1.1 万和集团及创业家族介绍

万和集团有限公司成立于 1993 年 8 月，总部位于广东顺德国家级高新技术开发区内，是一家专注于制造燃气热水器、灶具、烧烤炉和两用炉等燃气具产品为主业，同时还生产消毒碗柜、吸油烟机等与燃气具相配套的厨卫电器企业。此外，万和集团还以资本运作的方式涉足金融、汽车配件、教育等行业。目前，万和集团已经发展成了拥有两家上市公司——万和电气（002543.SZ）和鸿特精密（300176.SZ）的大型集团公司[1]。

如今庞大的万和集团是从于 1987 年由卢楚其带领两个弟弟卢楚隆、卢楚鹏以及徒弟叶远璋创业起步的。卢楚其是广东顺德容桂人，就读高中时遇到"文化大革命"，被迫中断学业成为当地一家油气炉厂的普通员工。1969 年，开始在国有工厂学电工，技术逐渐炉火纯青，1988 年他决定依靠自己的技术优势下海创业。初下海的卢楚其经营电气配套，是万家乐的一个普通供货商。虽然一直在做配件，但雄心勃勃的卢楚其一早就想自己做产品，不断地寻找商业机会。后来经过近 1 年的刻苦钻研，1993 年成功研制出全国首台全自动燃气热水器[2]。同年 8 月 28 日，万和集团成立。卢楚其的两位弟弟分别任职销售和生产副总。由于三兄弟感情很好，相互支持，因此销售和生产配合十分顺畅。而叶远璋主管全面工作担任常务副总，四人的团队合作使万和成功走上正轨。在全力打造主业的同时，擅长资本运营的卢楚其让万和致力于产业向多元化方向发展。通过并购或参股其他企业，万和集团经历了从专业化到相关多元化（消毒柜、厨具等），再从相关多元化到非相关多元化（持股民生银行、海国实等）的转型，事业版图逐步发展壮大。与此同时，7位第二代家族成员也逐渐成长并陆续加入企业中[3]。根据公开资料披露，目前已经进入万和电气高层管理的第二代成员有5人[4]：

卢斯毅（卢楚其的长女），2007年放弃中国香港工作进入万和。从打杂开始做起，在工厂一线、财务、采购等部门都实习过，目前是万和电气总裁助理兼采购总监。

卢宇聪（卢楚其的长子），1979年12月出生，大学学历。2007—2010年，在国内从事家电进出口贸易的相关工作，历任业务员、业务经理、部门主管。2010—2012年，从事家电行业国内销售的相关工作，历任区域经理、市场部长。2012年5月至今，在万和电气担任小家电事业部总经理职务，负责小家电研发、生产、营销等。2015年年底出任万和电气总裁。

卢宇阳（卢楚隆的儿子），1985年8月出生，华中科技大学国际经济与贸易专业本科毕业，美国约翰韦尔斯大学研究生毕业并获硕士学位。2011年9月—2012年4月，在广东鸿特精密技术股份有限公司任董事会秘书助理。2012年4月起在万和电气任副总裁兼董事会秘书。非常遗憾的是，2017年1月18日卢宇阳先生因病去世。

卢宇凡（卢楚其的小儿子），1986年3月出生，英国波恩茅斯大学市场营销专业硕士研究生学历。2011年9月—2014年6月，担任格兰仕集团外贸大客户经理职务；2014年6月—2015年9月，担任佛山市宏图中宝电缆有限公司销售总监职务；2015年10月至今担任公司总裁助理职务。2017年4月担任万和电气副总裁兼董事会秘书。

杨颂文（卢楚其的女婿），1976年2月出生，中国香港大学计算机工程专业本科毕业。1998—2009年，在中国香港从事IT行业的相关工作，历任编程员、高级编程员、系统分析师、销售及业务发展总经理；2009年至今在公司历任营销管理中心副总监、海外事业部总经理、副总裁等职务。

此外，还有3位第二代家族成员在万和集团内工作锻炼。万和集团的二代们有着高学历，都有在集团外工作或是创业的历练，连同他们的配偶构成了规模不小的二代管理梯队。卢氏家族族谱如图6-1所示。

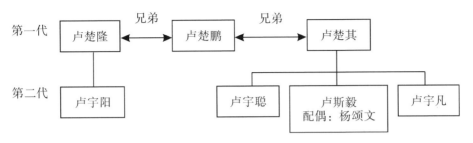

图 6-1 万和集团卢氏家族族谱①

6.1.2 卢氏家族治理架构

由于卢氏三兄弟在创业过程中就是靠着"和"将家族企业发展壮大的，因此，他们希望下一代也能保持兄弟齐心这种家族文化。为此，他们会定期组织家族聚会，为家族成员之间的沟通架设桥梁。具体做法是，由第一代召集，每月组织二代子女和配偶开会，相互交流工作体会，推荐好书。家族聚会常态化可以促进家族成员之间情感联系，保持顺畅的家族内部沟通渠道。卢氏家族会议还有推荐好书并交流想法的环节，其目的是在维系家族情感的同时，将卢氏家族打造成学习型组织——通过培养家族的学习气氛、充分发挥家族成员的创造性思维能力，建立有机的、高度柔性的、能持续发展的组织。

由于是兄弟多人合伙创业，又各有子女，为了众多家族成员齐心，万和不仅安排了家族成员相互制衡的股权结构，也试图将集团向家族控股公司演进，成为家族共同利益的载体。万和集团作为母公司是家族投资公司，由卢楚其、卢楚隆、卢楚鹏分别持有45%、25%和15%的股权，叶远璋创业初期就随卢楚其进入企业，也是企业创始人，持有剩下的15%。虽然4个创始人各自持股，但他们决定"统一行使股权"并通过协议方式进行约束。无论是在母公司，还是旗下的2个上市公司，他们的股权设置都存在以卢氏兄弟为核心的"一致行动人"约定，这就像一道紧箍咒，既确保了大股东的决策统一，又对上市公司高管层形成了约束。以万和电气为例，卢楚其、卢楚隆、卢楚鹏和叶远璋在上市发行前，四人分别直接持有万和电气22.05%、12.25%、7.35%和7.35%的股份，合计49%。剩下的51%归万和集团，而万和集团的股权又全归这四人所有，持股比例为45%、25%、15%和15%。折算下来，四人实

---

① 卢氏第二代家族成员共有7位（不包括家族成员的配偶）。可查到具体信息的仅有4位。

际持股万和电气的比例与在集团层面上的相同,即分别为 45%、25%、15% 和 15%。如此典型的家族式股权结构,公司决策外人难以染指。为确保兄弟同心,2006 年 11 月 28 日,卢楚其、卢楚隆及卢楚鹏共同签署《一致行动协议》,承诺"重大事项采取一致行动"。协议中的"重大事项"除了万和集团层面,还涵盖了"控股子公司或其能够施加重大影响的企业之经营发展的重大事项"[5]。

随着第二代家族成员的进入,卢氏兄弟希望家族在集团的层面仍保持"合"。具体到管理权继任,三兄弟打算各自从自己一支挑出 1~2 个孩子作为接班人,再由每房的代表组成领导集团共同掌管企业——即复制现在的集体领导模式。但对于各自股权继承安排,他们并没有详细讨论过。但不论最终怎样分配,家族内部最好达成一致。

在家族治理机构方面,卢氏兄弟从 1998 年开始就成立了家族基金,主要目的是理财,保障家族成员的生活质量不受企业经营好坏的影响。万和的家族基金最初大约有数千万元,经过几年的投资增值,目前规模已过亿。投资方式也从国内股票市场慢慢拓展到国外成熟的资本市场。目前这笔基金存储地——花旗、美林、瑞士信贷等银行机构会主动提供理财服务。几年来,卢氏家族基金一直保持较高的收益率,较好地实现了家族财富保值增值的目的。

6.2 江苏罗莱集团薛氏家族的治理设计

6.2.1 罗莱集团及创业家族介绍

罗莱生活科技股份有限公司(简称罗莱生活)成立于 1992 年 6 月,是国内集研发、设计、生产、销售于一体的家纺龙头企业。公司于 2009 年 9 月登陆 A 股市场(股票代码:002293)。目前,公司拥有罗莱家纺、LOVO 等自有品牌及收购、代理品牌约 20 个,终端销售网络近 3000 家,销售网络遍及全国近 32 个省市。[1]公司 2002 年跻身行业三甲,2004 年一跃成为行业第一,至今已经连续 14 年居国内同类市场占有率第一。以 2008 年为基数,营业收入累计增幅 433.17%,净利润累计增幅 385.62%(参见表 6-1)。

表6-1　罗莱生活历年的营业收入和净利润（2008—2018年）

时间	营业收入/百万	收入累计增幅	收入同比增幅	归母净利润/百万	净利润累计增幅	净利润同比增幅
2008年	902.68			110.07		
2009年	1145.31	26.88%	26.88%	144.47	31.25%	31.25%
2010年	1818.81	101.49%	58.81%	240.87	118.93%	66.73%
2011年	2382.46	163.93%	30.99%	374.01	239.79%	55.27%
2012年	2724.95	201.87%	14.38%	382.09	247.13%	2.16%
2013年	2524.21	179.64%	-7.37%	332.15	201.76%	-13.07%
2014年	2761.40	205.91%	9.40%	398.09	261.67%	19.85%
2015年	2915.63	223.00%	5.59%	410.09	272.57%	3.01%
2016年	3152.22	249.21%	8.11%	317.30	188.27%	-22.63%
2017年	4661.85	416.45%	47.89%	427.88	288.73%	34.85%
2018年	4812.81	433.17%	3.24%	534.52	385.62%	24.92%

数据来源：罗莱生活科技股份有限公司2008—2018年年报。

罗莱集团能取得如此好的经营业绩，与创始人薛伟成、薛伟斌兄弟的同心合作密不可分。薛氏兄弟出生于江苏通州川港镇三河口村。他们的父亲薛德全有文化、懂财会，30多岁赴上海经商，经过10多年的打拼，在上海购置了地产，是一位小有成就的工商业者；母亲更是出身商业世家，他们的外公在中华人民共和国成立前是当地有名的商业地主——家里有地，城里有商铺。兄弟俩就出生在这样一个商业氛围很浓的家庭里。

薛伟成出生于1958年，在家中排行第五。由于初中毕业后正赶上"文化大革命"，就回到家里的村办厂供销科工作。当时，距离他们村八九千米的叠石桥一带是一个小型农副产品集散地，有很多农户将家中老布、蓝印花布、刺绣、枕套、被罩等拿到这里售卖，一个家纺市场的已初具轮廓。敢闯敢拼的薛伟成，在叠石桥看到了自己的商机，他开始收购家家户户的枕套，前往东北销售。数次经营后，所得的利润非常可观。这让他决心辞掉村办厂销售经理的工作，出去闯荡。薛伟斌出生于1964年，在家中排行第六，比哥哥薛伟成小6岁。大学就读于南京林业大学。1986年毕业后，他被分配到南通市郊区多种经营管理局工作，成为一名公务员。工作之后，薛伟斌也曾利用业余时间帮哥哥做销售，将从农村收购过来的枕套推销给城里的百货公司。1992年，薛伟成邀请在政府机关工作的弟弟薛伟斌,创建南通华源绣品有限公司,生产床罩套件等产品,开始了从经商向实业的跨越。1994年,成立南通罗莱卧室用品有限公司,并且用意大利音乐家齐普利亚诺·德·罗莱的名字为品牌命名,注册"罗莱"商标。薛氏兄弟非常重视品牌建设,斥资38万元请当时国内颇有名气的广告公司设计了品牌标识,使罗莱成为中国家纺行业首家应用CIS系统的公司,也让消费者对罗莱品牌的认知有别于其他竞争品。1995—1996年继东北、天津、山西、上海后,罗莱家纺的业务进一步拓展至北京、武汉、太原、杭州等地的各大商场。

除了品牌建设之外,罗莱对于产品质量也给予了高度重视。20世纪90年代中期,家纺行业尚无统一标准。在南通经委和江苏省质保中心专家团队的帮助下,罗莱历时1年,从点滴入手建立家纺产品的各项标准,于1997年建立了属于家纺行业的ISO9000系统,填补了行业内的产品质量标准的空白,确保了生产的各个环节都能受控,产品的质量也能常年稳定。[2]

销售模式的适时调整是罗莱占据行业龙头地位的关键。20世纪90年代开始,购物中心、大型综合超市、百货商店等新型业态在中国落地,剧烈地改变着零售商业的生态,也改变了消费者的购物习惯。罗莱把产品放到百货商场销售,等百货公司把产品卖出去之后再进行结算。这种代销模式让罗莱收获颇丰。1997年,受东南亚金融危机的影响,加上国内卖方市场向买方市场的转化,百货店开始倒闭。接踵而来的百货公司拖欠货款的问题也让薛氏兄弟感受到了强大的压力,公司陷入危机。1999年,罗莱向广东家纺企业学习渠道变革,销售模式向专卖店加连锁加盟经营模式转型。专卖店经营可以直接面对消费者,连锁加盟制则直接面对经销商,两者都可以减轻对资金和管理的压力,从而成功地化解了罗莱的危机,使企业实力进一步壮大。到了2000年,罗莱已经身处家纺行业的第一梯队;2002年,罗莱的销售收入在旗下200多家加盟商的合力助推下达到1.7亿元,进入行业前三甲;2004年通过大规模招募及培训加盟商,凭借3.8亿元的销售收入问鼎行业第一。

尽管如此,薛氏兄弟没有故步自封,而是开始构建"系统化品牌战略",实现品牌的"精耕细作"。所谓"系统化品牌战略",即通过不同的品牌来网罗不同年龄层次、不同消费档次的家庭需求。比如,罗莱以国内家纺行业第一品牌的身份,先后取得澳大利亚高端家纺品牌喜来登(SHERIDAN)、意大利奢侈品牌素绮(ZUCCHI)在中国的销售代理权。这些国外高端品牌使罗莱无形中垄断了高层次的客户资源,成了综合家纺名牌。后来随着电商行业的兴起,薛氏兄弟开始对网店产生兴趣,并于2009年推出线上电商品牌LOVO(乐优家),实现了中高端主品牌和大众消费副品牌差异化发展,线上线下渠道的贯通。对于新思路和新方法的开放态度、对多品牌协同发展的支持力度，都奠定了罗莱在 2009 年上市之后的数年内保持 20% 甚至 25% 的增速发展。2012 年罗莱公司电商首夺天猫"双 11"床上用品类目冠军。

2013 年后，罗莱开始以"产业+资产"双轮驱动打造家居产业生态圈。比如 2015 年，罗莱旗下子公司廊湾家居与日本内野株式会社合作，通过持有内野中国销售公司 60% 股份成立合资子公司。2017 年 1 月，罗莱生活以股权托管及未来并购的形式与老牌知名家纺企业恐龙纺织开展全面合作。① 这种创新型的"并购"模式，不但意味着罗莱在资本运作能力上更进一步，也打开了罗莱未来实施行业并购的新路径和想象空间。[3] 同年，罗莱旗下产业投资基金（南通大信家居产业基金）收购美国高档百年家具公司 LEXINGTON HOLDING, INC. 100% 股权。[4] 这次收购案使罗莱将触角延伸至家具领域，有助于公司打造家居生活一站式品牌零售商的战略推进。

罗莱公司在薛氏兄弟的共同带领下走过了近 30 年的岁月。自 2007 年 7 月以来，兄弟俩在公司的任职是：薛伟成担任董事长，薛伟斌担任副董事长和总裁。考虑到让罗莱公司代代相传，薛伟成、薛伟斌兄弟很早就决定要让家族二代参与到企业运营中来。家族二代共有五位。其中，薛伟成有二子一女，薛伟斌有两个儿子（参见图 6-2）。经过较长时间的培养，薛伟斌于 2018 年 8 月宣布，将总裁职位交由侄子薛嘉琛继任。这一关键事件表明，薛氏家族的第二代已经正式接班。

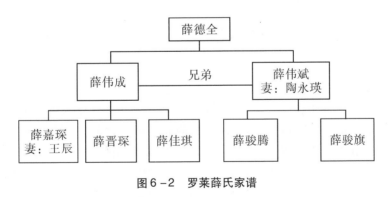

图 6-2 罗莱薛氏家谱

---

① 所谓"股权托管"，即恐龙纺织的股东香港恒惟贸易将恐龙纺织的股权，包括表决权、分红权以及公司的管理权、人事权、财务权等一系列权利托管给罗莱。未来，恐龙纺织将在托管的基础上保持独立运作，职能部门与罗莱合并，以阿米巴经营理念进行内部结算，利用罗莱资源，降低成本，提高经营效率和利润。罗莱实现全面实际控制和合并报表，同时也约定了托管过渡期和解除托管的情形，一举实现控制经营和财务风险的双重目的。

薛嘉琛是薛伟成的长子，1982年出生，毕业于华东理工大学管理学院。在大学期间，他就经常利用寒暑假在罗莱的多个岗位上实习，大学毕业后正式进入罗莱工作。2006年起，他历任公司海外事业部经理、品牌发展事业部总监、采购中心总监；2013年11月，他开始担任公司董事；两年后晋他升为公司副总裁；2018年8月被任命为总裁。薛伟成的次子薛晋琛生于1990年，在国外专修金融专业。学成回国之后，他在投资领域有一定的经验和阅历，也曾有为公司打造智能家居平台的内部创业经历。在罗莱"产业+资本"双轮驱动发展转型的当下，他主要负责公司的投资公司和并购基金板块，为罗莱产业未来发展做一些提前布局，实现产融联动。薛伟成幼女薛佳琪目前正在海外学习服装设计，未来也有效力家族公司的意愿。

薛骏腾1990年出生，是薛伟斌的长子。他也是较早就被父亲安排到门店实习，以体验客户需求、门店销售、客户群体、零售等问题，2014年开始负责"LuoLai Home"项目饰品组的采购和企划。他毕业于美国的艾莫里大学（Emory University），2017年回国后在罗莱公司较为重要的供应链、销售等部门工作。自2017年始，他以负责人身份加入全品类家居新项目（L LIVING），这个时尚年轻的新品牌是罗莱家居化转型的种子业务之一。通过向父亲借钱筹资，占股60%的薛骏腾以股东角色开始内部创业。薛伟斌的小儿子薛骏旗尚未成年，仍在求学阶段。

目前，薛伟斌和薛伟斌夫妇已陆续淡出公司一线的日常管理工作，[①] 仅保留董事身份为走到幕前的二代出谋划策。

6.2.2 薛氏家族的治理机制设计

（1）家族文化

在薛氏家族的治理构架中，家族文化是关键一环。薛伟斌认为，家族信仰、成员使命感和责任感是家业传承过程中不可缺少的文化内核。在采访中他曾经说道："家族对企业的感觉，其实和职业经理人对企业的感觉不一样。企业需要职业化的管理，规范化的管理。家族成员不同的一点是，他们承载家族的使命，更为了这一份事业需要不断努力。传股权、传事业过程中，更多的是家族精神的体现，传的是家族的精神，是有别于其他企业的一种呈现，要为这个社会创造不一样的价值。因为家族成员为了这项事业，为了家族信仰，愿意放下自己，为事业做贡献，这才有传承的可能性。我们形成了我们的使命、愿

---

① 薛伟斌的妻子陶永瑛自2007年以来一直担任罗莱生活的董事兼副总裁。2018年4月因工作重点调整，她不再担任公司副总裁职务，仅保留董事一职。

景、价值观，我们都得为家族的使命愿景继续贡献。"[5]

薛氏家族花费了近一年的时间去讨论制定了家族愿景和使命，表达了家族所定义的价值观。他们制定的家族愿景是：家族是每个家人强大的后盾，每个家人因家族而更加幸福、成功，人丁兴旺，感情紧密，人才辈出，事业繁荣昌盛，成为家族传承的典范。薛氏家族的使命是：团结凝聚家族力量，壮大家族事业，让人们的生活更加健康舒适美好。可以看出，这个家族使命不但明确了"家族团结"的家族目标，还兼顾了"让人们享受健康、舒适、美的家居生活"的企业目标。薛氏家族价值观中对事业心的理解是：认识事业的价值，从事业中获得成就感、保持积极投入的状态，最终建立贯穿一生的志向，能够对社会带来巨大物质和精神财富，教育并帮助家族成员树立远大理想，激励他们为之奋斗。

要实现家族团结与和谐少不了良好的沟通氛围，开放性的沟通有助于创造和保持家族内部的相互信任。如果家族内部不能好好说话，家族成员就无法心平气和地坐在一起讨论家族事务以及家族与企业之间的衔接问题，家族治理机制就无法建立。遗憾的是，很多企业家族都反映家族内部沟通受阻，尤其是创一代和二代成员之间更是如此。通常一代企业家习惯通过家长权威进行指令式沟通，但是二代希望自己也有发言权和话语权，能够在沟通过程中发表意见。除了沟通方式不同之外，双方在经营战略上也存在差异，日常管理实践中经常遭遇"话不投机半句多"的尴尬。薛伟斌主张：沟通双方要放掉"小我"思想，逐步提升心灵品质。企业家要带领下一代追随圣贤、学习经典书籍来建设心灵品质，开发心灵宝藏。自2016年10月开始至今，薛伟斌兄弟与薛嘉琛一起学习圣贤的经典书籍，从《大学》《中庸》《道德经》到《文化自信和民族复兴》，每天半小时的阅读，每个星期见一次面，阅读这些经典，理解背后的道理。这种尝试取得了不错的效果：创一代不再执着个人的成就感，从能人的境界开始往君子境界走；二代也有提升，开始学会如何理解对方。很多沟通矛盾开始缓解，相互之间能够成就，双方关系也越来越融洽。薛伟斌对此是这样评价的："Jason（薛嘉琛）在和他父亲沟通方面有很大的改变，以前沟通的时候会有一些情绪化，没有照顾到长辈的感受。我也经常提醒他，先要理解父亲的意图，理解了以后想法可能会不一样。你也可以心平气和地表达自己的意见，然后如果说不能达成一致，再想一想，给双方一点时间。比如说，原来决策过把罗莱KIDS品牌并入罗莱系统来做，这是在2018年底的时候由Jason提出的，当时同意了这个方案，但是David（薛伟成）觉得KIDS将来发展的空间比较大，希望把品牌独立运营。因此，就想找些内部的人进行讨论。后来Jason也逐渐理解他父亲，双方沟通交流得多了，这个事情得到了比较好的解决。"由此可见,薛氏家族在探索如何改善家族沟通的问题上找到了一条切实、可行的操作方法。

(2) 家族宪法

家族宪法作为家族治理中的核心制度,为其他文本、规范的制定打下坚实基础,这样一个涵盖多方面原则的薛氏家族宪法,制定耗费数年,其中诸项制度为家族管理、家族成员的培养、公司决策机制等家族内外事务,明确了有据可循的章程。

在家族成员的培养方面,薛氏家族对后代的教育培养有专门的制度性安排。他们在家族宪法中写道:"要结合家族成员的特长和愿景,明确家族成员角色,做好家族成员的事业规划,使之积极投入家族角色。"他们强调:"让能力强、主观意愿强的家族后代优先接班,接班人要有15年以上工作经验,在家族企业经验不少于10年,并经过一半以上家族成员认可。"他们鼓励接班人去标杆企业锻炼,在积累一定经验(尽可能做到中层管理岗位以上)之后,回到家族担任中高级岗位,再逐步接手企业。在确认有效的前提下,鼓励接班人服兵役,锻炼意志品质。在实践中,他们也是这样来培养第二代成员的。比如薛嘉琛的事业发展主要围绕罗莱家纺的主业进行。他大学一毕业就进公司当基层业务员,再逐步轮岗到管理岗位,经过15年的历练被任命为公司总裁。上任后,薛嘉琛的薪酬参照职业经理人的标准,其绩效同样也需经过专门的考核评估。薛晋琛是薛伟成的次子,他的事业发展主要围绕罗莱家纺的投资业务进行。这种根据家族成员特长进行事业发展规划的做法,既能提高二代参与家族企业事业的积极性和承诺感,又能有效规避相互之间潜在的冲突。此外,家族宪法中还规定了接班人导师制,即为进入家族企业的接班成员安排职业导师团队。导师团队的构成是由一位家族成员与董事会中的一些专家型外部董事组成,职业导师发挥的作用是为接班的家族成员在实践历练中的活动提供辅导与支持。比如,在薛嘉琛的接班过程中,叔叔薛伟斌作为家族导师就发挥了重要作用。

薛氏家族鼓励家族成员在公司内部或外部创业。内部创业根据公司董事会下设的投资决策委员会进行评估,外部创业由家族创业基金委员会决定。考虑到家族成员创业可能失败,失败后仍可视情况担任家族内部职位或参加家族企业事务。比如薛伟斌的大儿子薛骏腾毕业后就参与了罗莱集团内部创业项目L LIVING 的开发,后来成为该项目的负责人。L Living 是罗莱生活科技集团旗下全新推出的一种家居生活馆概念——旨在为当代年轻的新中产阶层消费者群体提供时尚、高品位、高性价比的一站式家居解决方案的生活方式。[6]

薛氏家族宪法还规定了家族慈善制度。也就是在企业慈善之外,薛氏家族还成立了专门的家族慈善基金会。他们在家族宪法中约定，每年从公司分红中拿出固定的比例作为慈善基金。目前，薛氏家族基金有两个最主要的捐助领域：一个是对家乡做慈善，以感恩家乡的乡亲父老，比如2014年薛伟成、薛伟斌和薛伟民三兄弟无偿捐助1000万元给通州区姜镇兴建敬老院；[7]另一个是为儿童医疗实验提供科研资金，以此来解决儿童健康问题。[8]

明确家族和企业界限也是薛氏家族宪法的内容之一。家族事务的决策权在家族治理机构。比如，定期召开家族大会，让每位家族成员就宪章中规定的行为准则给自己进行评分，并由家族委员会成员进一步评估并公布结果。企业治理的决策权在家族控股公司的董事会。薛氏家族认为，公司的重大决策是由家族成员和外部顾问团队组成的董事会制定，以确保决策的科学性和延续性，而日常的经营管理推行总裁负责制。在上市之前，罗莱公司治理的最高决策机构不是董事会而是"企业管理委员会"，其中既有薛氏家族成员，也有超过半数的非家族成员——总监级管理者。这种集体决策机制确保了公司重大的决策不会因家族领导者的个人喜好而偏离公司发展的正常轨道。上市之后，罗莱公司成立了新的最高决策机构——董事会，他们重视外部专家意见的做法仍一直延续了下来。据2013—2018年年报披露，罗莱公司董事会下设战略委员会，主要负责对公司长期发展战略和重大投资决策进行研究并提出建议。比如罗莱第三届董事会战略委员会由薛伟成、薛伟斌、程隆棣三名董事组成。其中，独立董事程隆棣是纺织行业的专家，当时是东华大学纺织面料技术教育部重点实验室副主任、教授、博士生导师。此外，他还担任了中国纺织工程学会棉纺专业委员会学术委员会委员、中国棉纺织行业协会棉纺织专家技术委员会委员、中国针织工业协会专家技术委员会委员、中国纺织建设规划院专家委员会委员、中华全国工商联纺织服装商会专家委员会委员等社会职务。在第四届董事会战略委员会中，除了薛伟成和薛伟斌两人外，增补了独立董事洪伟力作为主任委员。洪伟力在金融投资领域拥有近20年的专业经验：他曾在上海证监会多个部门任要职，不但在国内资本市场的监管与运作等方面具有丰富的经验和资源，同时还兼具海外资本市场的投融资经验。外部董事的进入不但可以为企业重大决策提供客观、专业的意见，还可以在一定程度上规避家族委员会与董事会一套人马可能带来的隐患。

薛氏家族宪法是家族成员经过一年多的讨论逐步建立起来的，尽管仍有一些规定（比如家族股权分配及赎回等）还需要制订和不断完善，但薛氏家族成员们对于这部体现家族集体意志的制度给予了高度承诺。2017年，薛氏家族两代成员汇聚一堂,就家族宪法进行正式宣誓。① 他们承诺,作为薛氏家族的一分子,每个人都以自己的力量,庄重且认真地履行家族成员的责任和义务。

(3) 家族治理机构

根据现有资料,罗莱集团的薛氏家族成立了包括家族大会、家族委员会、创业基金委员会、慈善基金委员会等在内的家族治理机构(参见图6-3)。以上家族组织各司其职,共同服务于家族事务的沟通与决策目的。这些家族治理机构与企业治理机构在功能上是相互独立的,两者之间的衔接则通过家族委员会向家族控股公司的董事会派驻代表来实现。

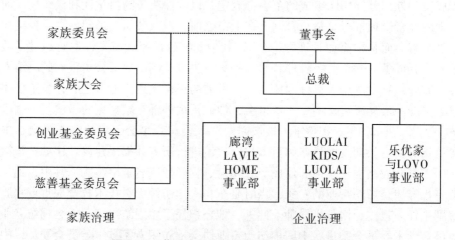

图6-3 薛氏家族治理与罗莱公司治理架构②

综上所述,罗莱集团的薛氏家族已经初步建立起来一套包括家族文化、家法家规以及家族治理机构在内的家族治理构架。其中,既有与西方企业家族比较类似的组织机构设计,也有从家族自身特点出发的独有制度考虑。比如家族沟通的改善机制、以及在接班人的培养制度方面都有不俗的表现,值得其他企业家族借鉴与参考。

---

① 薛氏家族的宣誓词如下:"我们作为薛氏家族的成员,我在此宣誓,我已阅读宣誓家族宪法,我理解章程,我以我的权利和责任,我将支持和维护薛氏家族宪法的权威,我将忠于家族的愿景和价值观,我将努力履行在家族以及企业当中的职责,我将培养后代成为合格的薛氏家族成员,我会在有生之年团结家族成员,维护家族利益,壮大家族事业,促进家族繁荣……"

② 罗莱公司的治理构架仅展现出主业板块的部分,投资板块暂未披露。

6.3 浙江华茂徐氏家族的治理设计

华茂集团创建于1971年6月，位于长三角南翼经济中心的文化名城——宁波。这家公司开创了中国的教学具市场，是教育装备（学具、教学仪器、整体实验室解决方案、通用实验室设备等）这一细分领域中的隐形冠军。华茂还进入了教育服务领域，拥有宁波华茂外国语、衢州华茂外国语、龙游华茂外国语等3所学校，在校学生总数超过1万人。以教育产业为核心，华茂集团还积极寻求多元化发展。投融资方面，华茂集团参与了宁波银行的改制上市，属于发起股东之一，目前持有的宁波银行股票市值超过25亿元。2008年，华茂花2000万元买入3.326%的宁波建工股份，后者已于2011年7月在A股上市。此外，公司还有房地产和国际贸易等业务。2012年，华茂集团的营业总收入达38亿元。经过40多年的发展，华茂集团立足教育之本，逐步形成了以华茂集团股份有限公司为核心，以基础教育领域的教学具、仪器装备及科普产品制造为基础产业，以民资办学和教育理论服务为生长点，兼营国际贸易、房地产、金融的综合性产业集团[6]。

华茂集团的创始人是徐万茂先生。他幼时家境贫寒，曾做过当地竹编厂的厂长。华茂的前身是一个校办工厂，成立于1971年。1978年，徐万茂正式接手华茂[7]。徐氏家族是一个枝繁叶茂的家族，徐万茂有2个弟弟、3个女儿和1个儿子。儿子徐立勋1974年8月出生，在美国获得硕士学位后进入华茂，2003年正式接任华茂集团总裁。徐万茂的2个女婿则主要负责华茂广东公司和华茂房产公司。

创始人徐万茂很早就注意到良好家族氛围的营造，这渗透在他对第二、三代家族成员的培养上。他说："我在家里从来不讲今年赚了多少钱，利润有多少；在家里我就是讲教育，讲做人的责任感，形成好的家庭文化氛围。"徐万茂尤其重视培养下一代的独立精神和创新能力。他经常给第三代强调，别想从父母那得到任何物质的东西，简单说来就是别想当"富三代"，但社会责任感要从小养成。在这种家族教育的影响下，他的孙子在13岁的时候就在一次活动上以《我有一个梦想：改变未来的中国教育》为题进行演讲。

徐氏家族治理设计中最富有特色之处是家族协议。2007年的9月8日，在宁波东钱湖召开的华茂集团管理读书会上，徐氏家族响亮地提出了"分家不分产"的承诺。他们专门聘请了美国布鲁克林法学院博士毕业、中国社科院国际法研究所的黄东黎律师撰写了《徐氏家族共同协议》。徐氏家族成员于2008年8月10日正式签订了《徐氏家族共同协议》并经公证处公证。这份家族协议主要对"家族股权控制""家族与企业的界限"以及"继承人能力要求"三个问题予以约定[8]。

(1) 家族股权控制

徐氏家族持有的华茂集团股权不能分散,考虑采用家族信托基金的方式集中持有和管理,以确保家族对华茂集团的绝对控制。"华茂集团创始人徐万茂拥有的华茂集团全部资产所有权永远归由华茂集团将创设的信托基金所有。在中国信托制度尚未完善,或者中国信托制度不利于企业发展导致华茂集团信托基金尚不能成立的情况下,华茂集团第二代法定代表权与经营管理权合法继承人徐立勋,以及徐立勋之后的各代徐氏华茂集团法定代表权与经营管理权合法继承人必须保证华茂集团创始人徐万茂拥有的华茂集团全部资产所有权最终永远归由华茂集团将创设的信托基金所有。(在该信托基金成立之前,必要之时,这些股份可暂时登记在长子徐立勋名下,待华茂集团信托基金成立之后,转归基金所有。)"徐氏家族第二代接班人徐立勋在媒体采访中坦承设立家族信托的出发点:"我和3个姐姐的关系一直非常好。我不想因为股权和我姐姐们闹得不开心、不和谐。中国很多王朝和家族不是被敌人打败的,而是自己把自己打败的。比如说我父亲拥有80%的股权,在我们四姐弟手上稀释一次,到第三代再稀释一次,一代代稀释之后,这个股权我们姓徐的还可以留下多少?三四代之后,这一支亲戚认不认得都很难说的。所以说与其这样还不如把股权集中,放到一个基金会当中,还可以防范家里哪一天会出一个不肖子把股权卖掉。"

除了打算采用家族信托之外,徐氏家族还设计了一套有助于"永续经营"的股权体系。这种做法非常类似于台湾的王永庆家族[9]。早于1976年,王永庆以捐赠台塑股权的方式,以父亲之名成立长庚纪念医院。长庚医院是"台塑四宝"(台湾塑胶、南亚塑胶、台湾化纤和台塑石化)的主要股东,由于"台塑四宝"彼此交叉持股,并以金字塔结构控股其他下属企业,王永庆成功地将王氏家族对台塑集团的控制权集中于长庚医院内。长庚医院作为财团法人公益基金,依台湾地区法律,其董事会由家族成员、社会贤达和医院专业人士组成,各占1/3席位。要想获得台塑集团的董事席位,必须获得长庚医院理事会中2/3以上家族或非家族理事的同意。但由于理事会中的社会贤达一般与王永庆家族有密切的关系,还有那些对企业经营不熟识的医院专业人士也多数倾向支持医院的捐赠者,因此,王氏家族后人虽然无一有显著的集团股权,但透过长庚医院的法人股权与理事会的支持,对台塑有稳固的管理及控制权。

华茂集团尚未上市,企业集团内部的持股结构没有公开披露。但是从徐氏家族协议中的"如果基于无法抗拒的原因,华茂的产业万不得已破产清算,清算后的剩余资产,归宁波华茂外国语学校所有"条款来推断,宁波华茂外国语学校在华茂集团的地位非常类似于台塑集团的长庚医院。除了家族企业股权之外,徐万茂还将他私人收藏的千余件艺术珍品(包括唐伯虎的《草堂画旧图轴》、朱耷的《桃花双禽图轴》、文徵明的《灵岩山图》及八大山人等在内的稀世名品,还有苏联、俄罗斯、乌克兰的油画名作90多件)捐赠给了宁波外国语学校名下的华茂美术馆,作为学校资产,供师生和民众免费参观[10]。被捐赠之后,这些名画除因展览的需要移步美术馆外,谁都不能动用,更没权利去分割。华茂美术馆是在徐万茂个人收藏基础上筹办的公益性质美术博物馆,从客观上看,这一举动显然提升了华茂集团的企业形象,推动了其所在区域的文化事业[11];从主观上看,徐万茂的做法也呼应了企业集团建设一个教育事业和教育产业互动、有教育根基的"百年华茂"的总体发展目标。

(2) 家族与企业的界限

徐氏家族协议对家族与企业的关系做了明确规定:徐氏家族对华茂的成败兴亡负有无限责任,但对华茂的权利却是有条件和限制的。华茂的财富属于社会,徐氏家族仅仅是财富的保管者和经营者;徐氏家族只享受华茂的红利分配权,此外没有其他特权。不在华茂任职的家族成员,不可干预华茂的经营管理;在华茂任职的家族成员,必须严格执行各项制度,不能超越权力和要求特权。作为对等条件,华茂员工无权干涉、评论徐氏家族的内部事务,高级管理人员应该执行董事局代表的徐氏家族的集体意志,而非执行由徐氏家族个体成员提出的非企业组织的要求[10]。

(3) 继承人的能力要求

华茂集团继任者的选择采取择优选才原则。徐氏家族对后代具备哪些条件可以接班,具备哪些条件不能接班做出了具体规定。

综上来看,徐氏家族协议的核心目标是"永不分家"和"永续经营"。目前,徐氏家族成员都已经签署了这份家族协议并经过公证,这本身就是家族治理的成果之一。该协议的制定可以减少未来家族内部因为财产分配导致的矛盾冲突,也有助于培养家族后代成员不断奋斗、持续创业的思想。

6.4 浙江新光集团周晓光家族的治理设计

6.4.1 新光集团及创业家族介绍

新光控股集团有限公司(简称:新光集团)是一家以饰品为主业,集投资、贸易、地产、实业于一体的大型民营企业集团。集团总部位于"世界小商品之都"——中国义乌。多年来，集团稳居全球流行饰品行业龙头地位，产销量及市场占有率高居行业榜首；近年更着力多元化发展战略，以杭州西湖绝版地块竞投、上海美丽华集团并购等多项成功案例，震动业界，迅速扩张[12]。截至2018年4月，旗下有1家上市公司，近100家全资子公司及控股公司，逾40家参股公司，是一家在中国乃至全球多个行业有着重要影响力的领军企业①。

新光集团的创始人是周晓光夫妇。周晓光，1962年11月出生于浙江诸暨。她在年仅16岁时就走上了创业生涯，沿街叫卖刺绣花圈、绣针以及刺绣图案，作为家里的长女，她肩负起照顾1个弟弟及5个妹妹的繁重任务。在随后6年多的时间内，她走遍了大半个中国，赚了人生中第一桶金2万元。1985年，跑过三江六码头的周晓光嫁给了同样来自浙江的刺绣制品小商人虞云新。婚后两人拿出所有积蓄，在义乌第一代小商品市场里买下了一个摊位。周晓光凭着女人的敏感及爱美的天性，选定经营饰品，开始了丈夫到广东进货她在义乌练摊的经营模式，没过几年便在义乌最好的小区买了住房，在最好的地段买了商铺。1995年7月，夫妻俩毅然拿出700万元投资办饰品厂，这就是最初的新光饰品公司。1995年到1998年，新光饰品厂以连续翻番的速度发展，并在全国建立了自己的产品销售网络，一举成为国内饰品行业的龙头企业[13]。2002年1月，新光同全球最大的水晶制造商施华洛世奇（SWAROVSKI & COMPANY）签订协议，成为施华洛世奇水晶珠、水钻产品及配件中国内地地区代理商。这进一步提升了新光饰品的知名度和市场竞争力，2003年新光商标被认定为浙江省著名商标。2004年3月，新光房地产开发有限公司成立，新光开始了多元业务拓展。新光集团业务板块如图6-4所示。

在新光创业的过程中，周晓光的父母和5个妹妹都陆续参与了进来，为家族企业的发展贡献了力量。周晓光的5个妹妹分别是：二妹周晓霞（目前是新光饰品股份有限公司副董事长）、三妹周晓芳（与虞云新之弟虞方定结婚，目前自己做红木生意）、四妹周玉霞（集团副董事长兼妇联主席）、五妹周惠萍（新光贸易公司总经理）、六妹周丽萍（新光中国香港发展有限公司总经理）。周晓光还有1个最小的弟弟周义盛，目前是新光控股集团有限公司副总裁、浙江新光饰品股份有限公司董事会秘书。

随着新光的发展壮大，周晓光家族的13位第三代成员也逐渐成长，目前3名第三代家族成员已经进入家族企业集团工作。虞江波，1985年7月出生，

---

① 新光圆成股份有限公司（证券简称"新光圆成"，股票代码：002147.SZ）于2016年4月在深圳证券交易所挂牌上市，是一家集地产业、制造业为主的双主业上市公司。

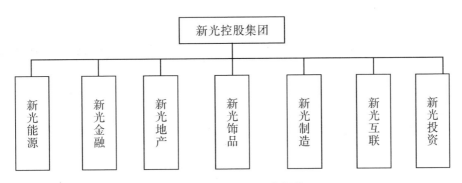

图 6-4　新光集团业务板块

周晓光和虞云新的大儿子，16 岁出国留学，而后考入英国帝国理工大学，获得数学与应用专业学士学位，2007 年就读伦敦政治经济学院人力资源管理专业，2009 年学成归国参与新光事业，2011 年出任新光饰品总经理，并相继创办"创道投资""网仓科技""聚势网络科技"等多个新型企业，受到业界广泛关注和高度评价。2015 年 5 月起担任新光集团总裁。虞江威，1989 年出生，周晓光三妹和虞云新六弟的孩子，目前在集团房地产部门工作。金江涛，1991 年出生，周晓光四妹的孩子，在集团财务部门工作。此外，还有多名第三代家族成员在国外求学。整个家族族谱如图 6-5 所示。

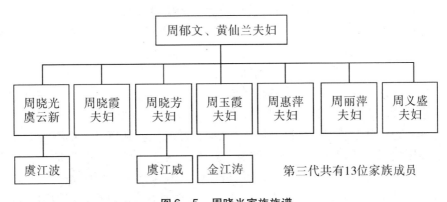

图 6-5　周晓光家族族谱

6.4.2　周晓光家族治理设计

（1）家族文化

周晓光家族的关系非常融洽。他们的家族成员包括周晓光父母、周晓光夫妇及5个妹妹妹夫、弟弟弟媳，还有13位孙辈，一共29人同吃同住，一起在家族企业内工作，和睦相处。家族聚居于新光集团的主楼，最高三层为家族居住，最高层为佛堂，次层为大人们居住，再次层为家族第三代居住，目前仍是男生2人1间，比如老大虞江波跟老二虞江威居住，老三金江涛和弟弟一起居住，第三代中只有2个女孩，目前有自己的房间。兄弟们从小一起住，一起打篮球和玩耍，相互之间感情比较好。

周晓光的家庭价值观，核心理念就是"和谐"。她曾回忆："在过去困难的时候，我们的老一辈，像舅舅、阿姨、姑姑、奶奶的弟弟和姐姐都回来帮忙，送钱、挑米、做鞋等。办企业时，全家人都出力。家庭成员之间互相接受、互相尊重，这一直是家族传统。我们家一直保持着一个传统。"在周晓光的价值观形成中，她的母亲影响非常大。因此，周晓光认为："我们能给下一代的，首先是一个身体力行的好榜样。我们很多的责任、爱心、奉献都包容在家庭氛围里面，让第三代从小就感受到团队合作精神的重要性。"

仔细分析周氏家族文化，不难发现其中的儒家文化和佛教文化元素。儒家文化非常重视"孝悌"，认为孝悌是做人的根本，是中国文化的精神。孝，指还报父母的爱；悌，指兄弟姊妹的友爱，也包括了和朋友之间的友爱。在周晓光家族里，家庭成员之间相处得十分和乐，彼此恭敬有礼，谦和孝顺。虞云新、周晓光夫妇要求家庭成员不但晚辈对长辈要"至孝"，尽可能百依百顺，体贴周到，夫妻、兄弟姐妹也都要互敬互爱，懂得容让①。所谓"修身、齐家、治国、平天下"，好的家庭环境能培养人的优良品行，而只有品行正直善良，才能家庭和睦，进而影响到周围的人。新光家族的氛围能和睦友爱，关键就是因为良好的家族文化与个人品行形成正向的价值观。

此外，周氏家族文化也有受到佛教文化的影响。周晓光认为整个家族的人都没什么恶念，这与全家人都笃信佛教有关，佛教强调与人为善、知恩报恩。新光事业成功之后，他们却不忘追根溯源，要求家里每个人都要学会保持平和谦逊的心态，学会感恩。周晓光说："无论怎样的成就和辉煌，都不是无源之水、无因之果。所以，人要懂得敬畏，要懂得感恩，不能自以为是、忘乎所以。这样，才会得道多助，才会走得更长远。"致富之后，周晓光一家不忘回报社会，勇于承担社会责任，为解决就业、推动地方经济社会发展做出了自己的贡献。这些年，这个家庭捐助慈善和公益事业总额达到5000多万元。

周晓光家族的和谐文化吸引了不少学者和媒体的关注。2009年中央党校专家课题组专程来到义乌，对新光集团的发展模式和周晓光、虞云新家庭形态

---

① http://31.toocle.com/detail--4956909.html。

进行专题研究，形成名为《竞和之路》的研究报告和专著，并上报中央政治局，新光和周晓光、虞云新家庭成为构建和谐社会的典型代表。2010年世博会，虞云新、周晓光家庭入选浙江省六个"最浙江"家庭，在世博会浙江馆专题展出，成为展现浙江当代家庭文明、伦理文明的典范。在2014年年初央视关于"家风"的系列报道中，虞云新、周晓光家庭也作为典范家庭入选[14]。

（2）家族治理机构与家族宪法

周晓光家族定期会组织家族聚会。比如家族成员的生日就是家人聚会的日子。周晓光的母亲把每个人的生日都牢牢记在心里。每当谁过生日时，老人和保姆便早早起床，擀面条，买蛋糕，忙得不亦乐乎。家里几乎每个月都有人过生日，这把家人的心紧紧地凝聚在一起。又如全家人每年都会集体出游。2007年，一家人集体去了云南丽江，邀请台湾的大伯也一起加入进来。此前曾一起去过五台山、九华山游玩。另外，每年都要陪母亲去拜一次佛。

周晓光是国内比较早就关注家族企业传承问题的企业家之一。2006年，周晓光在率领新光访问团前往重要合作伙伴施华洛世奇公司总部时，与之探讨的重要问题就是家族企业的传承。在此期间，周晓光了解到，施华洛世奇家族在创业伊始就将家训家规、企业愿景都制定好了，后面一代代就在此基础上进行细微调整。于是，2009年春天，周晓光及其家族发起成立了家族委员会。作为讨论家族内部发展问题的平台，其功能与股东大会、董事会相区别。周氏家族还制定了《新光家族宪法》，希望进一步加强家族成员间的认同感和凝聚力，促进新光企业的持续健康发展。

新光家族宪法的内容包括：第一，制定家族的议事规则。"比如什么事情需要家族成员全票通过，什么事情三分之二的票数就可以通过等，也就是对决策机制做出规定。"第二，对下一代的发展做出规划。包括对下一代的创业基金、教育基金等做出相应规定。第三，制定严格的家规。比如有违法的行为会受到经济处罚，甚至逐出家门；家族成员的投资领域不准涉足娱乐业，连卡拉OK厅都不可以，与"黄赌毒"有关的东西更不能沾。新光集团现任总裁虞江波也主推家族宪法，他认为："一个企业的顶层治理设计是最重要的，家族企业顶层的设计就是家族治理。家庭内部主要依靠感情维系，感情很难去计算，但需要规则。"不过他也承认，家族治理是一个逐渐优化和习惯的过程。

我们也注意到，目前家族宪法中关于家族股权方面的协议还在修订当中。随着新光家族下一代成员陆续成长，关于家族内部明晰产权结构以及所有权继承的问题会越来越紧迫，这是周晓光家族治理今后仍需要不断摸索努力的方向。

6.5 案例启示与展望

6.5.1 中国内地民营企业对家族治理的需求日益增强

民营企业对家族治理的需求会受到家族复杂性、家族股东涉入管理的类型、企业年限等因素的影响。其中,家族复杂性是最主要的影响因素。一般来说,成员数量越多、结构越复杂的企业家族对家族治理的需求越大,这个结论也得到了相关研究的证实:Suare 和 Santana-Martin(2004)对西班牙家族企业的研究发现,家族治理机制主要在多代的家族企业中运用。一方面,随着家族的繁衍,企业所有权结构会经历从所有者控制型—兄弟姐妹合伙—堂/表兄弟姐妹合伙的演变。家族股东内部会逐步发生分化,不在企业工作的非积极家族股东比例上升,他们需要通过正式或者非正式的场合获取家族企业的相关信息,因此会提出创建家族治理体系的需求。另一方面,随着家族规模的扩大,家族成员之间的社会交往程度降低。由于缺乏共同经历和亲密关系,家族联系逐渐削弱,后代家族成员之间的信任程度会下降。这将导致那些持股少且不在企业工作的家族成员对企业核心目标的认可程度下降。因此从家族的角度出发,也需要建立家族治理机制,让所有家族成员都有表达自己期望和需求的场所,并为共享价值观的塑造提供保证。当然,较简单的企业家族也可能为了企业延续而对家族治理产生需求,不过其正规程度要低得多。如表6-2所示,随着家族所有权结构越来越复杂,民营企业对家族治理机制的正规性和完善性的要求也会提高。

表6-2 家族股权结构与家族治理

家族股权结构	大股东应关注的问题	家族治理
创业者控制	● 领导权过渡 ● 继任 ● 遗产规划	● 对家族治理的需求不强 ● 家族治理机制的正式程度低(比如家族聚会)
兄弟姐妹合伙	● 维护团队合作与和睦 ● 延续家族所有权 ● 继任	● 对家族治理的需求增强 ● 家族协议、家族治理机构等正式治理机制出台(比如家族会议)

续表 6-2

家族股权结构	大股东应关注的问题	家族治理
堂/表兄弟姐妹联盟	● 公司资本配置：红利、债务、利润水平 ● 股权的变现能力 ● 家族冲突解决 ● 家族参与及角色 ● 家族愿景和使命 ● 家族与企业的联系	● 对家族治理的需求进一步增强 ● 家族治理体系的全面性、正式性程度提高（比如家族宪法、家族委员会等）

资料来源：笔者根据收集的资料整理而成。

本章所采集到的 4 个企业家族都有自己的家族治理体系。尽管各有不同，但在国内来说都是家族治理走在前列的典型案例。这 4 个企业家族有 1 个共同点，就是他们的家族结构都比较复杂。比如，广东万和集团卢氏家族是三兄弟共同创业，和江苏罗莱集团、浙江新光集团的情况非常类似，这三个家族的所有权结构从创业伊始就是兄弟姐妹合伙制。目前以卢宇聪为代表的第二代接班团队已经继任家族上市公司万和电气的高管层，而罗莱薛氏家族的第二代薛嘉琛、新光家族的第二代虞江波也已经继任家族集团总裁。也就是说，卢氏家族和薛氏家族、新光家族都已经或即将进入堂/表兄弟姐妹联盟阶段。浙江华茂集团的徐氏家族已经完成了 1 次交接班，目前的家族股权是第二代掌门人徐立勋和 3 个姐姐的兄弟姐妹合伙制，同样家族第三代也陆续进入家族企业。这四个企业家族的家族结构较国内一般的创业家族复杂，这也是他们设计较为正式家族治理体系的客观原因。

再来看看国内当前企业家族的发展。改革开放以来，以家族企业为主体的中国民营企业经历了 3 次创业高峰：第一次是 20 世纪 80 年代初，第二次是 1992 年邓小平南方讲话之后的创业高潮，第三次创业高峰是近来提倡"大众创业、万众创新"。20 世纪 80 年代的第一代家族企业家现已年过花甲，即便是 90 年代初创业的企业家也都已年过半百。2014 年，全国工商联研究室和浙江大学家族企业研究所联合课题组对当前我国非公有制企业的整体运行情况进行了抽样调查[①]，在抽样的 839 家家族控股企业中，绝大多数仍然处于第一代

---

① 本次调查涉及上海、广东、浙江、安徽、湖北、贵州、新疆等 12 个省市自治区，共回收有效问卷 1446 份。按照家族所有权 50% 的临界标准，符合家族企业定义的样本有 839 家。

创始人的管理控制之下,仅有92家企业在过去5年内完成了企业主的更替。从企业主的年龄分布来看,平均年龄为49.6岁,50岁以上的企业家占到总样本的40%[15]。基于以上数据可以合理推断,在未来10年内,将出现大批企业家先后退休、第二代继任者上任的情况。考虑到交接班是一个过程,这个过程涉及家族后代的培养规划、家族股权的复杂化以及家族关系的协调等家族治理问题。重视这些家族治理问题并做好安排规划是保障家族企业未来平稳交接的基础。因此我们预见,大陆民营企业对家族治理设计和规划的需求在未来5～10年会极大提升。

6.5.2 民营企业家要重视家族文化的塑造

家族治理是企业家族为了家族和企业的长远发展,规范家族内、跨家族以及家族-企业之间的家族成员行为和利益协调的制度安排。一般来说,家族治理体系由家族文化、家族协议和家族治理机构共同构成。家族文化是在一个家族内,家族成员之间通过长期的共同交往形成的特定文化观念、价值规范、道德规范、礼仪风俗、传统习惯等。虽然是一种非正式治理机制,但家族文化在整个家族治理体系中却发挥着统领作用。家族协议是规范家族所有权分配与管理、家族成员雇佣、家族成员之间关系的政策文件,从本质来看,家族协议是家族价值观的具体化和文本化。家族治理机构则是为家族成员之间的沟通提供的平台,是塑造和巩固家族文化的制度安排。可以说,民营企业家采取家族协议、家族治理机构的制度设计,让家族意欲维系的价值观得以延续,才是家族治理的关键。

表6-3 四个案例企业家族的治理体系

案 例	家 族 文 化	家 族 协 议	家族治理机构
万和集团卢氏家族	● 家族和谐	● 家族成员相互制衡的股权结构 ● 家族兄弟签订"一致行动人"协议	● 家族聚会、家族会议 ● 家族基金会
罗莱集团薛氏家族	● 家族团结 ● 家族成员有使命感和责任感	● 举行薛氏家族宪法	● 家族大会 ● 家族委员会 ● 家族创业基金委员会 ● 慈善基金委员会

续表6-3

案　例	家族文化	家族协议	家族治理机构
华茂集团徐氏家族	● 家族团结 ● 家族成员有责任感	● 签订徐氏家族共同协议 ● 设计了一套"永续经营"的股权体系	● 家族信托基金会集中持有和管理家族财产；家族成员不进行家族财产的分割
新光集团周氏家族	● 家族和谐、向善	● 制定《新光家族宪法》，其中包括严格的家规，比如有违法行为的家族成员会受到经济处罚，甚至逐出家门；家族成员的投资领域不准涉足娱乐业；与"黄赌毒"有关的东西更不能沾	● 定期家族聚会 ● 家族委员会共同讨论家族发展问题

在本章的 4 个企业家族案例中（见表 6-3），家族文化在其家族治理体系中都是处于核心地位，家族协议、家族治理机构与它都保持着高度一致性。以华茂集团徐氏家族为例，家族团结是徐氏家族要塑造的家族文化。为了落实这种家族价值观，徐氏家族制定了家法家规，同时通过家族信托基金来执行家族团结的理念（家族成员不分割家族财产）。在其他 3 个案例的家族治理体系中，家族文化也是一样发挥着引领作用。这个规律提醒国内的民营企业家一定要重视家族共同价值观和使命精神的建设。民生银行联合《胡润百富》杂志发布的《2014—2015 中国超高净值人群需求调研报告》的数据也从侧面印证了这个结论：在面临家族传承问题的超高净值人群中，最受关注的问题集中于价值观的传承，比例将近占一半；其次是企业经营理念的传承。也就是说，关注价值观和经营理念的传承已经超越了财富传承[16]。

6.5.3　家族企业顾问团队的兴起迫在眉睫

当前国内的家族企业普遍面临着企业转型发展和家族代际传承的双重问题，这迫切需要复合型知识结构的顾问团队提供辅助支持。从理论方面来看，家族企业是由家族、企业、所有权三个相互独立又相互交叉的子系统所构成。因此，家族企业顾问团队提供的专业服务应该涉及以下三个方面的平衡：

（1）财富和所有权

相关的专业服务主要包括不动产管理、财富整合、传承规划（所有权规划），涉及的有金融、财务和法律方面的专业人士。

(2) 管理和运营

相关的专业服务内容包括企业评估、公司治理、战略规划、领导力发展、组织发展、人力资源管理，参与者是管理学教授、管理咨询师和培训师。

(3) 家族和人际关系

相关的专业服务内容包括家族治理、传承规划、退出规划、培训和发展、聚会促进（促成有效的、让人享受的家族会议）等，参与者可以有家庭心理咨询师、社会学教授及其他专业人士。弗里斯、卡洛克和弗洛伦特－特雷西（2011）提到，导致许多家族企业面临棘手问题的原因并不在于业务，而是构成业务的情感因素。家族企业内部所要面对的，比如，雇佣、股息支付或者继承等问题，尽管比较难处理，但事实上只不过是些很普通的业务问题，通过策划和决策就来解决。不过，这种策划和决策过程会因为控股家族的动力因素而变得非常复杂。家族成员的价值观、动机以及需求的不同会导致家族企业出现分歧。因此，家族企业顾问面临的挑战在于，他们要想方设法去诠释其家族就这些问题所采取的看似不够理智的行为和决策[17]。这就需要顾问们利用心理学、社会学等专业背景来解析家族成员的行为与动机，以及家族成员之间是如何相互作用的，从而为家族认知、情感、人际关系以及社会领域提供见解。家族企业顾问团队专业服务内容如图6-6所示。

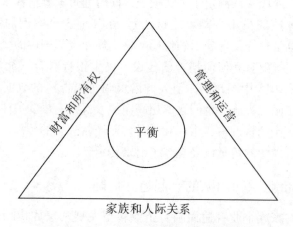

图6-6 家族企业顾问团队专业服务内容

家族企业顾问必须处理和平衡好以上三个方面的关系，以创造性的方式展开家族企业咨询。西方的家族企业咨询自20世纪80年代以来就获得迅速的发展，相比较之下，家族企业咨询作为一支独立力量在中国才刚刚起步。在这之前，相关专业人士都是从各自的知识背景单独提供家族企业咨询服务，比如国内各大知名高校商学院设立的家族企业研究中心，主要是为家族企业管理和运营提供专业建议①；而银行等金融机构纷纷设立的私人银行，则是为家族企业提供以家族信托规划、保障传承规划为主体的金融服务和咨询平台②；律师事务所提供的仅仅是家族（企业）法律筹划、危机化解等事务服务。由于在企业、所有权以及家族三个方面的专业服务各自分离，不能有效为企业家族打造并提供一整套系统的解决方案，有些企业家族不得不另辟蹊径向海外寻求咨询服务，本章提及的罗莱薛氏家族和新光家族分别邀请了国外、中国香港的家族企业顾问团队为他们打造家族治理的整体方案。

近几年，高校优良的管理资源和金融、法律领域的资源融合趋势愈加明显。比如：2013年年底，中国家族经营研究中心依托中山大学岭南学院，整合在家族企业有深入研究的学者、律师、企业家，专门针对转型期中国家族企业面临的保护、管理与传承问题展开学术交流、咨询和对策性研究，为中国家族企业的经营出谋划策；2014年年初，平安银行私人银行与清华大学五道口金融学院、德勤管理咨询公司达成战略合作，启动"平安·中国企业家族传承奖项"，力图借鉴全球家族传承智慧、树立中国家族传承典范；2018年6月，浙江大学企业家学院邀请家族文化专家学者、专注于境内外资产配置和架构的实务专家以及企业家嘉宾，从文化、财富、法律三方结合的独特视角举办了首届家族传承论坛。以上事例说明，中国为家族企业提供咨询的各方力量整合进入加速阶段。可以预见，随着社会对家族企业的关注，势必会有越来越多的复合型家族企业顾问团队创立。未来10～15年，家族企业咨询或将在中国真正成为一个行业。

参考文献

［1］广东万和新电气股份有限公官网：https://www.vanward.com/.
［2］卢楚其——万和集团董事长介绍. 百度文库，2009-12-18.//https://wenku.baidu.com/view/de43876fb84ae45c3b358c51.
［3］万和卢氏"二代"的百年抱负［N］. 南方日报，2015-07-03.
［4］万和电气（002543）：2015—2017年报.

---

① 清华大学五道口金融学院设有全球家族企业研究中心；浙江大学管理学院在2014年设立企业家学院，专门从事民营企业企业家培养和传承教育培训；中山大学管理学院也设置了中国家族企业研究中心等。

② 2013年，平安银行私人银行正式起航，全面搭建，帮助家族企业实现物质财富的顺利传承；2014年2月14日，民生银行私人银行事业部为金科股份的黄红云家族设立家族办公室引发行业内关注。

［5］关鉴，段明珠．中国"百年家族"如何炼成［J］．中国企业家，2012（13）．
［6］华茂集团官网．http：//www.huamao.com/．
［7］隐形大鳄徐万茂创业发家史［N］．福布斯中文网，2013－08－14．
［8］华茂集团：中国第一个家族协议［N］．慧谷家族，2016－10－19．
［9］台塑集团王永庆：企业永续经营，如何设计股权［N］．生意场，2010－05－26．
［10］"执拗老头"徐万茂——专访华茂集团股份有限公司董事局主席、宁波华茂外国语学校董事长徐万茂［N］．南都周刊，2012－09－25．
［11］曹意强．艺术收藏与企业文化——论华茂美术馆油画收藏［J］．新美术，2011（3）：103－108．
［12］新光集团官网．http：//www.neoglory.cn/．
［13］周晓光，胡腾．女人就是要发光："饰品女皇"周晓光创业史［M］．北京：中信出版社，2009．
［14］义乌虞云新、周晓光家庭［N］．生意场，2011－12－26．
［15］中国民营经济研究会家族企业委员会．中国家族企业传承报告［M］．北京：中信出版社，2015．
［16］民生银行联合胡润百富发布《2014－2015中国超高净值人群需求调研报告》［N］．新华财经，2015－04－02．
［17］弗里斯 M K，卡洛克 L，弗洛伦特－特雷西 E．家族企业治理：沙发上的家族企业［M］．北京：东方出版社，2013．
［18］罗莱生活官方网站．http：//www.Luolai.com．
［19］家族百年基因的智慧构建：薛伟成、薛伟斌家族与罗莱生活［N］．明德传承，2019－07－26，http：//www.mdcc.cn/newsinfo/1410878.html．
［20］罗莱生活受托管理恐龙纺织，拉开家纺业整合大幕［N］．罗莱生活官网．2017－01－23．http：//www.luolai.com/media_reports_details_127．
［21］罗莱投资美国高档家具公司LEXINGTON100%股权，大家居触角延伸至家具领域［N］．家纺说，2017－03－04．http：//www.sohu.com/a/127861188_197556．
［22］罗莱总裁正式交棒，薛伟斌自述家族企业长青秘诀［N］．中国纺织报，2018－11－08．http：//www.sohu.com/a/274089492_235256．
［23］上海捷登家居用品公司官方网站．http：//www.lliving.com/．
［24］南通通州川姜镇薛氏三兄弟捐资千万助建敬老院［N］．江海明珠网，2014－12－03．http：//www.ntjoy.com/news/ms/2014/12/2014－12－03371331.html
［25］薛伟斌速记_201812深圳家族企业杂志年会［N］．明德传承，http：//www.mdcc.cn/newsinfo/1411015.html．

附　录

家族宪法范例1[①]

1.0 目的
本宪章旨在为以下目的建立原则和制度：维护和提升 XYZ 家族的声誉和资源。

2.0 家族成员
家族成员包括 XYZ 先生及其后代，在其后代满 21 岁时签署本宪章，表明接受并同意遵守本宪章的规定。

3.0 XYZ 家族价值观
- 正直诚实
- 自由民主
- 自强不息
- 社会责任
- 内部解决家族问题

4.0 XYZ 家族办公室
4.1 成员们设立一个 XYZ 家族办公室来管理其资源，同时为家族的最大利益采取集体行动。

4.2 家族办公室是以股份有限责任公司的形式设立的。
- XYZ 先生将其一半股份平均分配给其子女。其子女也应在其下代子女满二十一岁并签署本宪章之后，将其一半股份平均分配给其下代子女。
- 如果父母死亡，则其股份应平均转让给其每个子女。
- 如果某家族成员丧失行为能力，则理事会应寻求医疗意见，并可宣布其无能力行使股份表决权，因而将相关股份转让给其子女。
- 如果某家族成员身故无后，则其股份应归家族办公室，由其按比例在其余成员中进行分配。

4.3 人力资源。家族成员及其子女们是家族最宝贵的资源，其教育和医

[①] 该范例来自于瑞士雷梭勒家族办公室公众号，2018 - 05 - 18。

疗保健是家族办公室应承担的责任,并需要其父母(对于未成年人)的同意及积极合作。

4.4 物质资源。家族的物质资源包括:
- 运营公司
- 持有投资的不动产,如土地和商业地产
- 现金和流动性投资资产

其不包括以下个人成员获取的、供私人使用的资产:
- 私人住宅
- 私人珠宝
- 私人艺术和文化收藏品
- 与家族办公室无关的私人投资

5.0 XYZ家族治理架构

5.1 家族理事会。成员们应选举三到五名家族尊长、以及二至四名非家族成员的受信顾问来组成理事会。家族尊长应选举一名主席。理事会应任命相关事务的外部提供方,尤其是资产管理、法律、会计和审计服务等。成员们可向理事会提交家族集体行动建议,以供理事会批准。此外,理事负责决定成员之间的资源分配方式,此等分配应根据家族办公室的股份按比例分配。理事会可选择多名理事来直接监督其职责的方方面面,包括:
- 运营公司
- 法律和会计事务
- 投资组合投资事务
- 慈善事务

5.2 商务委员会
密切关注家族生意的成效与运营

5.3 投资委员会
- 决定投资策略和实施
- 评估投资组合和外部经理的表现

5.4 慈善委员会
- 决定关注焦点(健康、艺术、教育、地理)
- 评估效率

6.0 运营公司

运营公司的股份由家族办公室持有,且运营公司为"公平交易"投资。理事会应决定在运营公司工作的成员对象及其职务,其决定的成员对象及职务应符合所有成员的最佳利益。理事会亦可聘请外界专业人士到家族办公室拥有

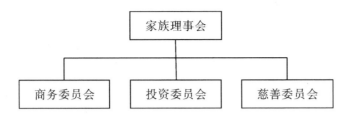

或控制的运营公司担任任何职位。各成员应明确知晓,家族的各运营公司是与家族办公室分开的,理事会可能会为了家族的最佳利益而决定将其剥离。各运营公司可能会存在以下变更:
- 由家族办公室全资拥有
- 由家族办公室多数控股
- 由家族办公室少数控股,但拥有超过33%的"有否决权的少数股权"
- 完全剥离
- 必须考虑到非家族股东的利益,特别是在公开上市(首次公开上市)之后

7.0 投资组合:战略资产分配

理事会将在确定战略资产分配方面采取专业建议,重点是:
- 收入应能够支付家族办公室的经营成本,包括任何正常分派。
- 资本增值应至少可以保护家族财富的购买力。
- 流动性应允许降低整体投资组合风险,并按照理事会的决定开展新的战略投资和慈善举措。
- 理事会可决定将中国资产组合与国际资产组合进行分离,请记住,家族的运营公司对中国市场有相当大的影响。

家族办公室目前持有的、不符合战略资产分配的资产将被有序清算。

8.0 专业管理

不动产将由理事会任命的专业专家管理,主要是为了创收。理事会还可为其国际投资组合聘请职业经理人,如果有的话,其还可为其中国投资组合聘请职业经理人。

9.0 监督和年度审查

9.1 理事会应监督家族办公室资产的季度业绩,并每年对战略资产分配进行审查。

9.2 根据职业经理人的业绩,理事会亦会每年对职业经理人的雇佣状况

进行审查。理事会应每年向成员提交一次绩效审查报告。

10.0　慈善活动

根据家族的价值观,应在家族运营公司所在的社区和家族所住的社区建立以教育和医疗保健为重点的慈善信托。理事会应决定慈善信托的活动内容、实施方式以及资助方式。

家族宪法范例 2[①]

1 目标
保持和延续家族企业

2 哲学
2.1 本协议之目的在于保护和使创始人们创造的财富永续

2.2 本协议旨在规避许多企业家族常见的"陷阱"
- 避免缺乏能力的家族管理
- 确保驱动企业决策是市场状况,而非家族需要
- 为企业提供充足资本以保护和延伸它的竞争地位
- 确定传承的规则

2.3 该协议承载了家法的所有效力

2.4 该协议涵盖了所有权、方向、参与和行为等主题

3 缔约者
纳入本协议的家庭成员为本协议签署之日的所有股东

4 历史
4.1 本家族企业是1957年由一个家族的成员创立的,该家族在100年以前以贸易起家

4.2 企业创立时是食品的批发分销商。这在1991年之前一直是其主业

4.3 1991年公司在零售和房地产行业开始了一系列的收购行为。目前这三个部门——食品批发、零售和商业地产开发与管理——将是本企业当前以及不久的将来的核心领域

4.4 创始人的儿子们都加入了企业,现在担任了管理职位

4.5 创始人为了使企业保留在家族下一代手中而发起该协议

5.0 承担义务
5.1 该协议的所有签署人自愿承诺履行《协议书》的期望

5.2 签署人将遵守《协议书》的所有规定和规范

5.3 签署人应在本协议里增加为实现其目的而确定的其他必要政策

5.4 签署人同意每两年在股东大会上审查和确认该文件

[①] 该范例来自于 Daniela Montemerlo, John L. Ward, The Family Constitution: Agreements to Secure and Perpetuate Your Family and Your Business, Palgrave MacMillan, 2011-01-11。

5.5 签署人承诺与下一代沟通并确认该协议

6.0 终止

6.1 该协议在企业出售之日终止

6.2 51%股份可能终止协议和/或三分之二以上的董事会成员同意卖掉公司（如果在董事会的决定中，家族没有完成对企业的责任）

7 所有权

7.1 所有权只能给创始人的直系后代或者合法收养的继承人

7.2 家族企业应由家族成员全权拥有

- 子公司可以包括参股的合作伙伴，只要家族企业持有50%的子公司有表决权的股份
- 非家庭管理可以参与虚拟股票计划①

7.3 所有家族成员都应遵守股东协议并且在婚前签署婚前协议

- 公司将为所有股东的所有权持有规划提供合法建议与帮助
- 每一个股东应与公司总顾问和家族办公室主席分享他们的不动产规划以及包括企业股权在内的股份持有规划
- 所有成年股东应参加每年一次的股东大会
- 股东们应该规避任何可能得益于公司竞争者的投资或行为。每一个股东应该报告任何可能与公司主席产生的利益冲突

8 流动性

8.1 公司股东协议会明确股份赎回权利

- 与股东买卖协议一致，公司将在财年结束之后的60天内，给每一个股东提供一份关于公司股价的书面证明文件
- 公司将为所有股东披露由公司或者股东之间交易产生的股份赎回情况

8.2 公司将设立一个公司担保信贷额度，向股东提供不超过其股票价值50%的贷款

8.3 公司董事会将在每年股东大会提交给股东一份分红政策建议，至少确保平均股息支出为净营业收入的15%

9.0 家族成员雇佣政策

9.1 创始人们所有后代及其配偶（包括配偶的亲戚）都适用该条款

---

① 是指公司授予激励对象一种"虚拟"的股票，激励对象可以据此享受一定数量的分红权或股价升值收益，但没有所有权，没有表决权，不能转让和出售，在离开企业时自动失效。

9.2 从这一天起，家族所有的 23 岁以上的成员寻找工作（不论是全职的还是兼职），都要满足以下条件：
- 公认大学的本科学历或者同等学历
- 在其他企业有最少 3 年的全职工作经历
- 能够用英语进行商务活动
- 鼓励商科或理科的研究生学位

9.3 欢迎和鼓励家族所有 16～23 岁的成员在校期间利用业余时间或者暑假进入公司锻炼

9.4 已婚夫妇不能同时受雇于公司

9.5 公司应尽力避免兄弟姐妹相互之间或向他们的父母直接汇报工作

9.6 公司应该负责为所有家族成员提供合理的职业规划咨询

9.7 所有家族雇员都应该服从公司的退休政策或者不能超过 70 岁，以两者中较年轻规定为准

9.8 在公司董事会基础上建立的独立董事委员会将评议和审批所有的雇佣安排、薪酬以及家族成员的支出账户

10 董事会

10.1 董事会应该至少要有 3 个独立董事

10.2 独立董事最多服务 10 年

10.3 经董事会主席批准，家族股东参加或者列席董事会议（除了独立董事的行政会议之外）。但任何会议参加的观察员不能超过 2 人

10.4 公司的董事会每年都要自我评估，包括对所有家族股东进行保密调查

10.5 董事会将选举主席
- 董事会主席人选以家族股东优先
- 董事会主席人选以非企业雇员优先

10.6 与公司其他法规一致，董事职位每年由任命委员任命。任命委员会由 50% 的不在公司工作或者不在董事会任职的家族股东组成

11 股东沟通

11.1 与公司其他规定一致，公司每年将召开一次的股东大会，并为所有家族股东支付合理的旅行成本

11.2 所有股东应通过董事会主席向公司查询有关信息或建议

11.3 股东在每年的股东大会上，要确认或者修改公司为期 3 年的增长目标、利润目标、市场目标、慈善目标以及公司资本结构的目标

12 补充条款

12.1 该协议条款经三分之二以上的具有投票权的股东同意时修改

12.2 每3年,董事会的独立董事将提供给所有股东一份关于该协议条件合理性的评估意见

家族宪法范例 3[①]

1 总则

1.1 目的

本家族章程旨在为未来 10～15 年里家族成员与企业之间的关系提供基准，我们可以预见，在这段时期内会发生由第二代到第三代的变革。我们，克洛普家族的成员，对我们的共同条约表示认可，并肩负着责任要通过克洛普公司将其继续传递给下一代。

1.2 使命

在总则及细则中，有必要牢记的是，家族章程阐明了家族企业发展的目标，并因此概述了企业和家族间的关系的类型和主要内容。强调了增强团结和承诺的方式，它们是家族企业的必要组成部分。绝不能违反制约企业的法律条款或公司规章。

1.3 家族章程的批准和修订

家族理事会是批准章程的合法主体，并可以在必要的时候修订现有的章程。

2 家族章程的指导原则

2.1 关于创始人

本公司是由艾伯特·克洛普和杰拉尔德·克洛普创立的。公司逐渐发展成长为现在的规模，并具备了现有的竞争力，这不仅是因为创始人的努力和他们创立时指定的原则，更重要的是因为不断地奉献、势不可挡的职业化和对第二代继任者的适当判断。

我们是第二代的成员，其中一些人还管理着这家公司，我们想为第三代成员留下书面的文档，记录下这些曾经指导创始人的行为及其日复一日的工作原则和范例，因为它们在我们的企业经营中是无时不在的基准。

2.2 需要传承的价值观

同样，我们第二代成员希望传承其他一些价值观，这些价值观构成了这些年所获成就的基础。

➢ 职业道德和责任感。这些是延续创始人的企业家思想的最佳途径。

[①] 该范例来自于：珀扎著，付彦 等译：《家族企业》，中国人民大学出版社 2005 年版，第 139－146 页。

> 理解、团结、和谐及股东间的联合。它们在公司的延续中起着重要作用。

> 尽心工作。作为股东，我们必须始终牢记我们的行为可能对公司、其他股东和我们家族的声誉所产生的影响。

> 道德行为。正如谨慎、诚实和品格高尚所证明的，道德行为有利于共同的利益。

> 为实现公司目标做出贡献和承诺。

> 对公司管理层的信心，包括对现在承担管理责任的人和将来可能承担责任的人。

> 对家族和家族企业的热爱和关心。家族的股东或董事会成员不应当因其所有者身份而在集团经营中享受职业生涯中的任何特权，仅仅因为他是家族的一员。从这个意义上说，活跃在管理层的家族成员将与其他非家族经理享有相同的权利和责任（诸如薪酬、工作时间、晋升、假期等）。

2.3 其他价值观

第二代成员们致力于确保以下价值观逐步为第三代所了解和认可。

> 能在对工作和对家族的贡献之间保持平衡，这样，才能够长期维持家族团结并且适当地为公司效力。

> 希望成为一个重要的、肩负社会责任的企业的一员，这个企业应当能够一直保持竞争优势。一个家族成员的动力应当在给他所提供的机会中去寻求，以便能够共同合作为家族企业的成长和延续做出贡献。

> 能理解家族企业股东的义务和责任，其中突出的需要是，要为公司挑选出最优秀的股东并且为其他股东的利益而积极合作。

> 能理解作为家族企业的股东进行参与是我们先辈留下的特权，作为我们的传统，我们必须尽可能负责地运用资本使企业增值，并将其传给下一代。

> 希望交给后代一个在其领域内表现卓越的企业。

> 有义务为资产变现与和平分家寻求解决办法，在同意现有程序的条件下可以与不想继续参与企业经营及不认同前文提到的价值观的股东和平分家。

3 我们期望成为的企业类型

3.1 一个坚持由家族掌握所有权的企业，正如家族理事会和董事会所述。

3.2 一个居于本领域内领先者行列并在行业内最优秀的企业。

3.3 一个技术上领先的企业，全力投入，尽可能达到最低成本，在它运营的价值增值链中有一个强大的网络。

3.4 一个持续经营的企业，代代相传，做"一个家族经营的企业"，董事会和执行委员会都有家族成员。因此，工作职位不能不加区别地提供给任何家族成员。在企业中就职的家族成员应当这样对待领导职位。为了顺利履行职责，这类职位需要一个具备团结意识、领导能力和先进专业技能的人。在尊重个人自由的范围内，家族成员应优先考虑向公司领导职位发展。

3.5 一个有规范组织结构的企业，能够为家族和非家族经理提供令人兴奋的职业机遇，并使之在专业管理的最新知识支持下具备自主管理的能力。

4 对我们家族企业的期待

4.1 经营规模的增长，尽管存在现有竞争和市场的变化。

4.2 资产价值的增长，以高于行业平均水平的利润率和增长率为目标，增加股东价值。这将通过高层管理者的一下战略承诺来实现：为客户提供最好的产品或服务价值来赢得客户的忠诚。

开发新产品和服务。

进军有前途的新市场和细分市场，放弃那些希望较小的市场。

通过规模经济、一体化以及时刻警惕官僚主义来达到最低成本。

收购和发展子公司和合资公司。

进行并购，推动上述方法所描述的组织增长。

4.3 平稳增长，不冒不必要的风险，不参与投机。

4.4 主要靠内部现金流提供资金支持的增长。只有在极端情况下，由于全球市场的发展，公司才应当依赖外部债务和公开上市来发展。

4.5 对市场敏感的红利政策，该政策关心企业对持续再投资的需要。

4.6 为股东提供广泛的信息，主要是关于企业和市场的状况。

4.7 就高层管理职位而言，同等条件下家族成员优先，只要在总裁或董事会认为一个家族成员有能力胜任他所渴望的高层管理职位时就是如此。一个合格的家族成员将比同样合格的非家族候选人优先获得这一个工作。

4.8 关于所有权转让和继任的专业建议，以便个人的行为和行动不会为组织整体带来麻烦。

5 在家族企业工作：家族雇佣政策

家族成员了解在克洛普公司的特有责任和挑战是很重要的。他们必须被告知在大多数情况下，他们要比其他员工接受更高的行为和绩效标准的约束。我们主张采用实习计划来帮助未来的接班人进入公司。

5.1 一般条件

> 家族成员必须与非家族成员一样符合相同的被雇佣或解雇条件。
> 家族成员与非家族成员一样要接受同样的绩效审查。

➢ 家族成员的报酬与非家族成员一样，将根据所任职位的"公平市场价值"而定。

➢ 家族成员可能在 30 岁前就有资格进行职业生涯的实习。这种临时职业将局限于任何不超过 12 个月的工作。家族成员可能受鼓励去参与其他公司与克洛普公司互换的实习项目。

➢ 没有任何家族成员能够终身学习或一直在新人水平的职位上工作；新人水平的职位的定义是指一个人不需要在进入克洛普公司之前有工作经验或受过培训。

➢ 要求终身雇佣的家族成员必须有至少 5 年的在克洛普公司之外的工作经验。其中一项工作必须至少 3 年是同一个雇主，在此期间必须至少有 2 次晋升或有关绩效、能力、责任和信任水平提升的类似证明。我们的观点是，如果一个家族成员在其他公司不是一个有价值的雇员，很可能这个家族成员在克洛普公司也不会开心和有工作积极性。

➢ 管理学、工程技术和其他与克洛普公司成功的必要知识相关的学科的学位都是受到鼓励的。家族职业发展委员会将负责面试、培训和指导有兴趣的家族成员到人力资源部门和其他合适的公司代表处，在那里将会对他们做出最终的雇佣决定。

6 家族企业的所有权

6.1 股份的所有权

家族成员应当保留股份的所有权。

6.2 对所有者的建议

为了保持对自由及个人需求和抱负的充分尊重，所有者应当：

时刻考虑通过财产继承计划移交股份的决定对企业和其他所有者产生的影响。从这一个意义上说，理想的实施过程应当是不断寻找最有利的方式强化家族企业的凝聚力和股东对企业持续经营的承诺。

以最稳健的方式，让第三代中有能力的成员能够以有见识的、负责任的身份参与年度股东大会。

6.3 股东资产变现

为了方便股东资产变现，公司将尽其所能发放红利并建立流动基金。基金的目标是为股票提供买方（也就是家族企业）。其意图是按照法律和家族章程的规定确保小额的资产变现。

资产变现的主要法律规定要点：最大限额。每年可购买的最大限额是公司股份总额的 1%，取决于可用的资金量。家族企业的价值将按照评估专家提出的、经董事会批准的方案进行年度估算。在前文提到的方案中，股票总数的不同价值，无论多少，都要被记录下来。通过评估过程确定的价值将向股东公布。转让：当一个股东想要出售股票，而其他股东愿意以高于基金的价格购买，或基金无力购买时，董事会将按照售买协议对转让进行授权。

7 治理主体

在一个试图加强股东的参与和了解的家族企业中，治理主体有两种类型：那些负责管理公司的人——就是指在章程、年度股东大会和董事会中所确定的那些人。在必要的情况下，还包括其他由董事会和管理团队规定的人。

家族理事会，负责股东的培训、沟通和发展及执行家族章程。

7.1 年度股东大会

在定期的年度股东大会上，股东将得到广泛的信息，以便进一步熟悉本家族企业。如果该信息需要保密的话，家族成员要同意不随意地使用该信息。

7.2 董事会

年度股东大会结束之后，董事会是公司最高的治理主体。执行委员会受董事会领导并对董事会负责。董事会的职能在相应的法律中有详细规定，包括：

审查和批准愿意战略。

审查企业的财务绩效并保证高层管理者对这些绩效负责。

确保管理者和企业的行为合乎道德。

促进公司管理人才资源的开发。

7.3 董事会操作规则和条例

董事会成员的选举定期按照州政府法律和公司状况进行。

家族成员在董事会的任职期限不能超过3个3年的任期，鼓励由其他更称职的家族成员轮流担任。

保持至少有3个影响力强的独立外部人士在董事会中任职。

董事会可以有咨询和顾问人员。这些咨询人员是独立的、知名的专业人员，能就相关主题提供有见地的信息。

会议应当按季度举行并至少提前一年筹备。

7.4 家族理事会

家族理事会的主要目的是在家族成员和股东中促进对企业、家族和企业与家族间关系的深刻理解。它的职责包括：

就企业事务通知家族并对其进行教育。

促进家族与企业的关系。

对家族成员进行家族传统教育，普及家族章程的内容并使之始终成为有效力的文件。

根据他们的判断，向所有的家族成员提出家族章程的变更，这有助于培养家族成员和股东更深入的理解及公司所有者和管理之间更良好的关系。

家族理事会由第二代的4个支系各派2个成员组成。成员代表由各支系选举产生。在董事会中任职的家族成员同时也在家族理事会中任职,并充当着两个治理主体之间的连接点。第二代家族理事会的全体成员数目因而仅限于9人。家族企业外部的专家也可以促成家族理事会会议的召开。

7.5 下一代委员会

我们要鼓励家族成员参与到公司中。我们带着责任感和义务,而不是凭借权力来提拔新人。因为下一代成员可能成为有投票权的股东、公司雇员、董事会成员,他们在此之前参与到适当的家族和企业活动中是必要的。下一代委员会将包括由家族理事会选出的9位家族成员。成员资格将在下一代之中轮换。它的主要职能包括:

明确和指导下一代成员把握教育培训机会和参与家族企业工作的机会。

就影响家族-企业关系的问题,向上一代提供反馈和意见,以此鼓励发言和参与感。

下一代委员会将每季度召开一次会议,并与家族理事会和董事会相协调。

下一代委员会的成员将收到有关企业状况的信息,这样会促进对他们的培养并加深他们对企业的理解。

7.6 家族集会

家族集会由所有有血缘关系的成员及其配偶组成,每年举行一次,目的是:

加强彼此之间的认识和了解。

加强对企业的认识和了解。

休闲娱乐并推动家族纽带的延伸。